ANDREAS MEYHÖFER I DIANA LUDWIG

SCHLANK MIT LOW-CARB

DAS KOCHBUCH

ANDREAS MEYHÖFER | DIANA LUDWIG

SCHLANK MIT LOW-CARB
DAS KOCHBUCH

160 NEUE REZEPTE

Bibliografische Information der Deutschen Nationalbibliothek:
Die Deutsche Nationalbibliothek verzeichnet diese Publikation in der Deutschen Nationalbibliografie. Detaillierte bibliografische Daten sind im Internet über http://d-nb.de abrufbar.

Für Fragen und Anregungen:
info@rivaverlag.de

Originalausgabe
2. Auflage 2018

Nymphenburger Straße 86
D-80636 München
Tel.: 089 651285-0
Fax: 089 652096

Redaktion: Caroline Kazianka
Umschlaggestaltung: Laura Osswald
Umschlagabbildungen und Abbildungen im Innenteil: S. 5: Zoom Team/Shutterstock.com; S. 6: © Timo Münzberg; S. 12: Lightspring/Shutterstock.com; S. 17: monticello/Shutterstock.com; S. 18: marcin jucha/Shutterstock.com; S. 23: Nataliya Arzamasova/shutterstock.com, Elena Schweitzer/Shutterstock.com; S. 26: margouillat photo/Shutterstock.com, Brent Hofacker/Shutterstock.com; S. 27: Brent Hofacker/Shutterstock.com; S. 28: Olexiy Bayev/Shutterstock.com; S. 29: yesyesterday/Shutterstock.com; S. 32: casanisa/Shutterstock.com; S. 33: Madeleine Steinbach/Shutterstock.com; S. 76/77 und Cover: Elena_Danileiko/iStockphoto.com; alle anderen Bilder: © Diana Ludwig, Andreas Meyhöfer
Satz: inpunkt[w]o, Haiger (www.inpunktwo.de)
Druck: Florjancic Tisk d.o.o., Slowenien
Printed in the EU

ISBN Print 978-3-7423-0421-6
ISBN E-Book (PDF) 978-3-95971-940-7
ISBN E-Book (EPUB, Mobi) 978-3-95971-941-4

Weitere Informationen zum Verlag finden Sie unter

www.rivaverlag.de

Beachten Sie auch unsere weiteren Verlage unter www.m-vg.de

Inhalt

Diana Ludwig und Andreas Meyhöfer

Ein Low-Carb-Wiedersehen!

Wie fängt man eine Einführung für einen zweiten Teil eines Buches an, das im Grunde gar nicht erscheinen sollte? Ein Buch, das nur entstehen konnte aufgrund eines wahnsinnigen Zuspruchs unserer Community? Am besten beginnt man mit einem dicken, von Herzen kommenden DANKE! Es ist nun fast genau ein Jahr her, dass wir die Einführung zu *Schlank mit Low-Carb – Das 28-Tage-Programm* geschrieben haben. Damals dachten wir, unsere tolle Community mit über 500 000 Fans und damals 60 000 Gruppenmitgliedern wäre kaum noch zu toppen. Doch der Wahnsinn nahm kein Ende. Mittlerweile folgen dem »Low Carb Kompendium« fast eine Million Low-Carb-Begeisterte auf Facebook und die gleichnamige Facebook-Gruppe hat über 170 000 Mitglieder.

Es freut uns jeden Tag, dass *Schlank mit Low-Carb – Das 28-Tage-Programm* so vielen Menschen nicht nur gefallen, sondern sie auch inspiriert und ihnen zu einem besseren Lebensgefühl verholfen hat. Doch wo viel Licht ist, gibt es auch immer wieder etwas Schatten. Natürlich ist es vermessen zu sagen, man kann jeden Menschen zufriedenstellen, doch wer uns kennt, weiß, dass der Anspruch an uns selbst war und auch noch ist, dir das perfekte Buch an die Hand zu geben. Auch für uns waren die letzten Monate sehr lehrreich und die Erkenntnisse sind natürlich in dieses wunderbare Kochbuch eingeflossen, das du nun in der Hand hältst.

Eine große Änderung in diesem Buch besteht darin, dass alle Rezepte zu dem von uns entwickelten Low-Carb-High-Quality-Prinzip (LCHQ®) passen. Dies war unter anderem ein großer Wunsch unserer Community, dem wir natürlich sehr gerne nachkommen. Und nun wünschen wir dir viel Spaß mit *Schlank mit Low-Carb – Das Kochbuch*. Wir hoffen, dass du beim Lesen und Kochen mindestens genauso viel Freude hast wie wir bei der Erstellung.

Das Low-Carb-Kochbuch

Wie der Titel dieses Buches bereits verrät, handelt es sich bei diesem Werk um ein reines Kochbuch. Das bedeutet, dass es in diesem Buch keine umfassenden Erklärungen zum Thema Low-Carb gibt. Hier findest du hauptsächlich Low-Carb-Rezepte. Wenn du mehr über Low-Carb, über Ernährung, über Nährstoffe und deren Wirkungsweisen auf deinen Körper erfahren möchtest, dann ist unser erstes Werk Schlank mit *Low-Carb – Das 28-Tage-Programm* genau die richtige Lektüre für dich. Das Buch bekommst du im Buchhandel oder im Internet in unserem Low-Carb-Shop unter www.meinlowcarbshop.com.

Was für dieses Buch aber neu hinzugekommen ist und wir dir im nächsten Absatz ausführlich erläutern werden, ist Low-Carb High-Quality (LCHQ®). Low-Carb High-Quality ist eine Weiterentwicklung unserer bisherigen Low-Carb-Ernährungsweise und hebt unser Low-Carb auf ein ganz neues Level.

Low-Carb High-Quality (LCHQ®)

Low-Carb High-Quality fasst unsere Erfahrung aus über zehn Jahren Low-Carb-Ernährung leicht verständlich zusammen. Es kann dir als Grundlage und Orientierung für deine Low-Carb-Ernährung dienen.

Was ist Low-Carb High-Quality?

In erster Linie ist Low-Carb High-Quality eine dauerhafte Ernährungsumstellung, die leicht zu befolgen ist. Einige würden es auch genau so bezeichnen und niemals als Diät. Hinter dieser Aussage steht jedoch ein allgemein verbreitetes Missverständnis.

Denn viele bringen den Begriff Diät lediglich mit einer zeitlich begrenzten Reduktionsdiät in Verbindung, da das Wort umgangssprachlich meist im Zusammenhang mit einer Gewichtsabnahme bzw. Abmagerungskur genutzt wird (Definition nach Duden: kalorienarme Kost für eine Abmagerungskur). Der Begriff Diät bedeutet aber sinngemäß »Lebensweise« und ist aus dem Griechischen bzw. Lateinischen abgeleitet. Die Diät ist also als Oberbegriff zu verstehen, der einerseits die dauerhafte Diät – synonym zur dauerhaften Ernährungsumstellung – und andererseits die zeitlich begrenzte Diät umfasst.

Die Diät, die zur Gewichtsabnahme dient, wird zur Unterscheidung zu anderen Diäten in der Regel Reduktionsdiät genannt. Um einige Beispiele für andere Diäten zu nennen, die im Allgemeinen gerne als Lebensweise verstanden werden: vegetarische Lebensweise, glutenfreie Lebensweise, ausgewogene Mischkost und natürlich die Low-Carb-Ernährung. All diese Ernährungsweisen sind Diäten – vor allem bei Allergien und Unverträglichkeiten werden diese Diäten dauerhaft eingehalten und dienen nicht der Manipulation des Körpergewichtes, sondern erfüllen einen anderen Zweck.

Low-Carb High-Quality ist also sowohl Diät als auch Ernährungsumstellung.

Die Low-Carb-Ernährung kann für einen begrenzten Zeitraum durchaus im Sinne einer kurzfristigen Reduktionsdiät durchgeführt werden, jedoch bringt eine langfristige Ernährungsumstellung alle Vorteile einer ganzheitlichen Low-Carb Ernährung zutage. Schlechte Gewohnheiten werden abgelegt und die positiven Effekte auf die Gesundheit werden voll ausgeschöpft.

Low-Carb High-Quality ist keine Trennkostdiät und sieht auch keine anderen Ausnahmen wie den sogenannten Cheatday vor.

Es ist nicht sinnvoll, sich morgens ein süßes Frühstück mit reichlich Marmelade und Nutella auf nährstoffarmen Weizenbrötchen zu gönnen, um sich dann abends massiv einzuschränken in dem Glauben, die Sünden vom Morgen auf diese Weise wieder ausgleichen zu können.

Schlechte Angewohnheiten und eine ungesunde Ernährung werden so nicht abgelegt, sondern einfach nur auf verschiedene Tageszeiten verschoben. Das ist bequem und im Prinzip wird die Notwendigkeit ausgehebelt, wirklich etwas zu ändern.

Eine smarte Low-Carb-Ernährung hält den Blutzuckerspiegel über den ganzen Tag stabil und gibt trotzdem ausreichend Energie.

Im Folgenden sind vier einfache Grundsätze erklärt, die dich bei Low-Carb High-Quality unterstützen.

Grundsatz 1: Welche Lebensmittel gilt es zu vermeiden?

Bestimmte Lebensmittel oder Lebensmittelgruppen gehören allgemein nicht in eine ganzheitliche Low-Carb-Ernährung und sollten vermieden werden. Diese Lebensmittel sind gerade für Einsteiger kontraproduktiv und können gewünschte Erfolge ausbremsen. Dazu zählen:

- raffinierter Weißzucker, Agavendicksaft und künstliche Süßstoffe,
- Getreide und Getreideprodukte,
- Fertiggerichte jeglicher Art,
- Fruchtsäfte als Getränk, Erfrischungsgetränke.

Raffinierter Weißzucker, Agavendicksaft, Getreide und Getreideprodukte, Erfrischungsgetränke mit Zuckerzusatz: Diese Lebensmittel enthalten oft einen großen Anteil an Kohlenhydraten und bieten teilweise relativ wenig Nährstoffe.

Künstliche Süßstoffe, Fertiggerichte jeglicher Art: Sie beinhalten künstlich gewonnene Stoffe (künstliche Süßstoffe) oder können solche Stoffe enthalten (Fertiggerichte), die den Körper belasten und negative Auswirkungen haben können. Bei Fertiggerichten kommt oft noch ein ungünstig hoher Kohlenhydratanteil hinzu.

Fruchtsäfte: Sie haben je nach verwendeten Fruchtsorten sehr viele Kohlenhydrate. Durch das Auspressen der Früchte geht zusätzlich noch je nach Frucht ein Teil des Fruchtfleisches verloren, das wertvolle sekundäre Pflanzenstoffe und andere Nährstoffe enthält. Die Aussage, dass Fruchtsaft sehr vitaminreich ist, ist für eine gesunde Ernährung ein schlechtes Argument. Die ganze Frucht bietet immer mehr als ihr ausgepresster Saft allein. Fruchtsäfte sollten prinzipiell in jeder gesunden Ernährung als Süßigkeit bzw. Genussmittel behandelt werden und nicht als Getränk dienen, um seinen Flüssigkeitsbedarf zu decken. Als Getränk ist Wasser oder ungesüßter Tee immer die erste Wahl.

Der Saft von Zitrusfrüchten ist bei Low-Carb High-Quality als würzende Zutat in Rezepten vorgesehen. Beispielsweise verwenden wir gerne Zitronen- und Limettensaft zum Kochen und Backen. Auch Orangensaft ist zum Aromatisieren von Speisen gut geeignet. Ansonsten wird der ganze essbare Teil einer Frucht in Gerichten verwendet, beispielsweise klein geschnitten oder geraspelt.

Das Aussortieren der Lebensmittelgruppen aus der Liste von Grundsatz 1 stellt eine gute Basis für eine erfolgreiche Umstellung auf Low-Carb dar und bietet gleichzeitig einen schnellen Überblick.

Grundsatz 2: Wie viele Kohlenhydrate soll ich täglich zu mir nehmen?

Es kommt ganz auf deine Ziele und deine persönlichen Präferenzen an, wie viele Kohlenhydrate du am Tag zu dir nehmen solltest.

Unsere jahrelange Erfahrung zeigt, dass es für die meisten Menschen ein sehr guter Einstieg ist, wenn als oberer Referenz- und Grenzwert täglich 15 Prozent des individuellen Energiebedarfes aus Kohlenhydraten gedeckt werden.

Diese Grenze rechnest du nach deinem individuellen Kalorienbedarf aus. Hier eine Beispielrechnung anhand eines durchschnittlichen Erwachsenen:

Der durchschnittliche gesunde Erwachsene hat einen Kalorienbedarf von 2000 Kcal am Tag. Wenn du 2000 Kcal durch 100 dividierst und mit 15 multiplizierst, ergibt das 15 Prozent, also 300 Kcal. Der durchschnittliche gesunde Erwachsene sollte also nicht mehr als 300 Kcal seines Energiebedarfes aus Kohlenhydraten gewinnen.

Um diese 300 Kcal in Gramm umzurechnen, dividiere durch 4,1. Warum 4,1? Ganz einfach: 1 Gramm Kohlenhydrate hat 4,1 Kcal. 300 Kcal dividiert durch 4,1 ergibt 73,2 Gramm. Bei einem Energiebedarf von 2000 Kcal liegt also der Grenzwert bei rund 73 Gramm Kohlenhydraten am Tag. Dieser Grenzwert verschiebt sich entsprechend deines individuellen Energiebedarfes. Wenn du also mehr als 2000 Kcal am Tag brauchst, dann kannst du mehr als 73 Gramm Kohlenhydrate verzehren. Wenn du weniger Energie für dich berechnet hast, dann liegt deine Grenze an Kohlenhydraten entsprechend darunter.

Bei Bedarf kannst du deinen individuellen Wert für dich natürlich auch weiter nach unten skalieren. Du kannst dich auch in einem persönlichen Bereich bewegen, in dem du dich wohlfühlst.

Weniger als 15 Prozent sind immer gut; in Ausnahmefällen etwas mehr Kohlenhydrate zu dir zu nehmen, schadet jedoch auch nicht. Das »etwas mehr« ist aber wirklich nur als etwas mehr zu verstehen und nicht als Freibrief dafür, in alte Essgewohnheiten zurückzufallen.

Das Low-Carb-High-Quality-Prinzip ist so flexibel, dass du bei Bedarf sowohl eine moderate Low-Carb-Ernährung durchführen kannst als auch eine sehr strenge Low-Carb-Ernährung, die bereits in Richtung ketogene Ernährung geht, um die Vorteile der Ketose zu nutzen.

Du kannst dir deinen individuellen Wert auch ganz bequem ausrechnen lassen. Nutze dazu einfach unseren Blog **www.lowcarbtoolbox.com**, dort findest du verschiedene Rechner rund um deine Low-Carb-Ernährung.

Grundsatz 3: Wie viele Kohlenhydrate sollte ein Lebens-mittel haben?

Bei Low-Carb High-Quality musst du nicht auf die Menge der Kohlenhydrate in den Lebensmitteln achten. Wenn du die Lebensmittelgruppen aus dem Grundsatz 1 vermeidest, ist es ausreichend, die Kohlenhydratmenge je Gericht bzw. je Mahlzeit zu beschränken.

Im Mittel sollte jedes Gericht einen Höchstwert an Kohlenhydraten zwischen 10 und 15 Prozent enthalten. Hier treffen wir wieder auf die aus Grundsatz 2 schon bekannte Grenze von 15 Prozent. Wenn alle deine Mahlzeiten diesen Grenzwert nicht überschreiten und du nicht über deinen Energiebedarf isst, dann hältst du auf diese Weise automatisch schon deinen täglichen Höchstwert an Kohlenhydraten ein.

Auch hier gilt wieder – weniger Kohlenhydrate sind immer besser.

Grundsatz 4: Wie sollte mein Speise-plan aussehen?

Im Grunde ganz einfach. Wenn möglich, solltest du deinen mittleren Bedarf an Essen überwiegend aus Gemüse, Proteinen, Ölen und Fetten decken. Auch ausreichende Flüssigkeitszufuhr, idealerweise aus Wasser, gehört zu deiner Basisversorgung.

Allgemein ist es ratsam, hochwertige proteinreiche Lebensmittel zu konsumieren und diese Lebensmittel immer mit qualitativ guten Ölen (z. B. Kokosöl) und Fetten zu kombinieren.

Prinzipiell solltest du alle Nahrungsmittel sorgfältig und mit Bedacht auswählen. Frische Zutaten, gerne als Bio-Qualität, ergeben eine gesunde, nährstoffreiche Mahlzeit. Auch Tiefkühlware (TK-Ware) wie beispielsweise tiefgefrorenes Gemüse oder Beerenobst kann bedenkenlos verwendet werden. Tipp: TK-Ware ist in der Regel viel besser als

Viel Gemüse ist ein wesentlicher Bestandteil der Low-Carb-Ernährung.

ihr Ruf und kann sogar noch mehr Nährstoffe enthalten als vermeintlich frische Ware, die einen langen Weg hinter sich hat oder doch schon etwas länger im Verkaufsregal liegt. Außerdem ist TK-Ware sehr praktisch, wenn du nicht jeden Tag frisch einkaufen kannst. Mit TK-Ware kannst du dir ganz einfach deinen Vorrat an guten Zutaten zum Kochen zulegen.

Wichtig und nicht vergessen: Lebensmittel aus Grundsatz 1 sind grundsätzlich auszuschließen.

Die vier Grundsätze von Low-Carb High-Quality in Kürze

Für eine erfolgreiche Durchführung von Low-Carb High-Quality musst du nicht viel beachten. Die überschaubare Anzahl von vier einfachen Grundsätzen weist dir den Weg. Hier das Wichtigste noch einmal zusammengefasst:

Grundsatz 1: Lebensmittelgruppen bzw. Lebensmittel wie raffinierter Weißzucker, künstliche Süßstoffe, Agavendicksaft, Fertiggerichte und Getreide gilt es zu meiden.

Grundsatz 2: Iss nicht mehr als 15 Prozent deines täglichen Energiebedarfes als Kohlenhydrate. Weniger Kohlenhydrate sind besser. Finde deine persönliche Wohlfühlspanne.

Grundsatz 3: Achte darauf, dass jedes Gericht nicht mehr als circa 10 bis 15 Prozent Kohlenhydrate aufweist. Auch hier sind weniger Kohlenhydrate immer besser.

Grundsatz 4: Iss viel Gemüse und Proteine! Bei Bedarf kannst du etwa 10 bis 15 Prozent deiner Gemüseration durch Obst deiner Wahl ersetzen. Nutze verschiedene hochwertige Proteinquellen und achte auf die Qualität (Bio-Produkte sind zu bevorzugen). Kombiniere Gemüse, Fleisch und Fisch mit hochwertigen Ölen und Fetten.

Die Low-Carb-High-Quality-Pyramide

Für eine schnelle Übersicht steht dir die Low-Carb-High-Quality-Pyramide zur Verfügung. Diese Pyramide stellt die Grundlage für deine Low-Carb-Ernährung dar und bietet dir maximale Flexibilität für eine smarte und ausgewogene Low-Carb-Lebensweise.

Je höher du in der Pyramide kletterst, desto mehr ist es eine »Kann-Auswahl« und weniger eine »Muss-Auswahl«. Die Werte sind Richtwerte und sollen ein gesundes Mittel über die Woche darstellen. Auch hier gilt: Setze den gesunden Menschenverstand ein.

Die Low Carb Kompendium
Low-Carb-High-Quality Ernährungspyramide

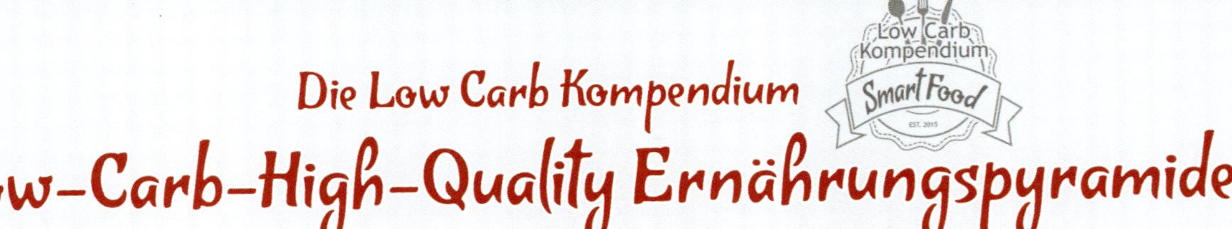

Begründer des LCK Low-Carb-High-Quality-Ernährungsprinzips: Andreas Meyhöfer & Diana Ludwig

Die Low-Carb-High-Quality-Pyramide

Tipps zur Verwendung dieses Kochbuches

In diesem Kochbuch kannst du reichlich leckere und einfach zuzubereitende Rezepte nach dem Prinzip Low-Carb High-Quality entdecken. Wie bereits in unserem Buch *Schlank mit Low-Carb – Das 28-Tage-Programm* haben wir auch in diesem Buch die Rezepte in vier Kategorien eingeteilt: Frühstück, Mittagessen, Abendessen und Snacks. Diese Einteilung der Rezepte findest du ebenfalls auf unserem Blog lowcarbkompendium.com wieder.

130 dieser Rezepte sind neu für dieses Buch entwickelt worden. Als besonderen Bonus haben wir diese 130 Rezepte noch um 30 unserer beliebtesten Rezepte aus unserem Blog ergänzt. So erhältst du insgesamt 160 leckere Low-Carb-High-Quality-Rezepte, aufgeteilt auf die Kategorien Frühstück, Mittagessen, Abendessen und Snacks.

Im Kapitel »Gemüse-, Rinder- und Hühnerbrühe leicht gemacht« auf Seite 31 haben wir weitere drei Rezepte für die Zubereitung von eigenen Brühen zusammengestellt. Diese selbst gemachten Brühen lassen sich bis zu sechs Monate einfrieren. So hast du wunderbare Brühen aus guten Zutaten zur Weiterverwendung für die Rezepte in diesem Kochbuch zur Hand.

Maximale Flexibilität

Die Rezepte sind so gestaltet, dass du viele davon auch in einer jeweils anderen Kategorie verwenden kannst. Beispielsweise lassen sich die meisten Abendessen auch sehr gut mittags genießen. Andersherum schmecken viele Mittagsrezepte auch am Abend. Alle Frühstücksrezepte kannst du dir wunderbar als Snack für zwischendurch zubereiten und viele der Snackrezepte eignen sich auch am Morgen als guter Start in den Tag.

Portionsgrößen

Ein Thema, das in unserer Low-Carb-Community immer wieder aufkommt, sind die Portionsgrößen bzw. die Angabe von Portionen für ein Rezept. Wir haben in diesem Kochbuch die jeweilige Anzahl von Portionen für jedes Rezept angegeben. Allerdings kann die Anzahl der Portionen nur ein grober Richtwert sein und dient als kleine Hilfe, um die Menge des fertigen Gerichts ungefähr einschätzen zu können.

Warum nur ein grober Richtwert? Weil die Einheit Portion keine feste Größe hat und auch nicht haben kann. Eine Portion richtet sich immer nach der Person, die diese Portion verzehrt, ist also ein relativer Wert.

Hier ein Beispiel, um dies zu verdeutlichen: Wie groß ist eine Portion Heu? Eine kleine Handvoll Heu ist eine Portion für ein Kaninchen. Eine Heugabel voll Heu braucht ein großes Pferd zum Sattwerden. Und ein Elefant wäre sicherlich erst mit einer gut gefüllten Schubkarre zufrieden. Dieses Beispiel mag im ersten Moment extrem erscheinen, lässt sich aber gut auf den Menschen übertragen. Denn auch hier können die Portionen sehr große Unterschiede aufweisen, je nachdem, für wen die Portion gedacht ist: Welche Portionsgröße nimmt eine zierliche kleine Frau in der Regel zu sich und welche Portionen verlangt dagegen ein großer Mann, der leicht das Doppelte von dem wiegt, was die Frau in diesem Beispiel auf die Waage bringt?

Nicht nur die Körpergröße und das Gewicht der jeweiligen Person spielen dabei eine Rolle, sondern auch die Tätigkeit: Ein Bauarbeiter braucht in der Regel für seine Arbeit erheblich mehr Energie als der Angestellte, der täglich am Schreibtisch sitzt und sich nur wenig bewegt.

Alles zusammen – die Körpergröße, das Gewicht und der Energieverbrauch durch Arbeit und Freizeit – bestimmt den Bedarf an Nährstoffen und somit die benötigte Portionsgröße.

Kochen ist Leidenschaft und die Lust, Neues auszuprobieren

Dieses Kochbuch soll Spaß machen. Denn es unterstützt dich dabei, leckere Rezepte auszuprobieren und zu genießen. Die Rezepte sollen dir Anregungen geben und dich ermuntern, eigene Ideen umzusetzen. Auch in unserem vorherigen Werk *Schlank mit Low-Carb – Das 28-Tage-Programm* war es unser Bestreben, den Leserinnen und Lesern Grundlagen an die Hand zu geben, die sie in die richtige Richtung leiten, um sich anschließend eigenständig weiterzuentwickeln.

Wir haben, wie in Kochbüchern üblich, eine genaue Rezeptanleitung einschließlich Nährwert- und Portionsangaben erstellt. Du kannst dich natürlich grammgenau daran halten, wenn du das möchtest. Aber wäre es nicht noch schöner, selbst zu experimentieren und nach und nach eigene leckere Low-Carb-Rezepte zu entwickeln? Es kann ja auch sein, dass du bei Rezepten die ein oder andere Zutat nicht so gerne isst, dann lasse einfach deiner Kreativität freien Lauf und variiere die Rezepte nach deinem Geschmack. Die Low-Carb-High-Quality-Pyramide unterstützt dich auf einfache Art bei deinen kulinarischen Experimenten. Des Weiteren findest du in diesem Kochbuch ab Seite 22 detaillierte Listen mit geeigneten Zutaten und Lebensmitteln. Auf diese Weise wird sich aus der Basis von 160 Low-Carb-Rezepten bald eine noch weit größere Vielfalt entwickeln.

Gewürze geben den Gerichten das besondere Etwas.

Gewürze

Wir bekommen hin und wieder von einigen Mitgliedern aus unserer Community den Hinweis, dass für sie die Verwendung von so viel Gewürzen in unseren Rezepten etwas ganz Neues ist. Wo vorher nur zaghaft mit einer Prise oder Messerspitze eines Gewürzes gekocht wurde, kommen nun Gewürze teelöffel- und sogar esslöffelweise zum Einsatz. Diese Mitglieder waren bisher positiv überrascht, wie lecker ein kräftig gewürztes Gericht schmecken kann, und sind dadurch selbst immer mutiger geworden beim Einsatz von Gewürzen. Es müssen nicht immer jede Menge verschiedene Gewürze sein, im Gegenteil, wenige Gewürze, aber in einer großzügigen Menge, bringen reichlich Geschmack. Die Experimentierfreude beim Kochen habe ich im vorherigen Absatz bereits angeregt, dies gilt natürlich auch für den vermehrten Einsatz von Gewürzen.

Es lohnt sich, immer ein paar frische Kräuter zu Hause zu haben.

Weniger Salz ist besser

Kräuter und Gewürze verleihen den Gerichten Geschmack und Pfiff. Je mehr du davon einsetzt, umso weniger Salz brauchst du. Mit Salz gehen viele Menschen leider oft zu großzügig um, wir konsumieren im Durchschnitt viel zu viel. Aber wir verwenden nicht nur selbst viel Salz beim Kochen, in vielen Produkten ist auch reichlich davon enthalten, beispielsweise in Wurst. Achte also auf deinen Salzkonsum. Bevorzuge beim Kauf Produkte mit wenig Salz und gehe auch beim Kochen sparsam damit um. Nutze dafür mehr Kräuter und Gewürze.

Kräuter und Gewürze in deiner Küche

Was sind eigentlich Gewürze bzw. was genau wird als Gewürz bezeichnet? Das Bundesministerium für Ernährung und Landwirtschaft hat den Begriff Gewürze wie folgt definiert: »Der Begriff ›Gewürze‹ schließt Kräuter sowie solche Pilze ein, die wegen ihrer geschmack- und/oder geruchgebenden Eigenschaften verwendet werden.« (aus: Leitsätze für Gewürze und andere würzende Zutaten (Neufassung) vom 27.5.1998 (BAnz. Nr. 183a vom 30.9.1998, GMBl. Nr. 30, S. 577 vom 30.9.1998))

Als Gewürze und Kräuter werden jene Pflanzenteile bezeichnet, die aufgrund ihrer natürlichen Inhaltsstoffe als geruchs- bzw. geschmackgebende Zutat zu Lebensmitteln geeignet sind. Gewürze werden meist in getrockneter Form aus Blüten, Früchten, Knospen, Samen, Rinden, Wurzeln, Wurzelstöcken, Zwiebeln oder Teilen davon gewonnen.

Als Kräuter dienen frische oder getrocknete Blätter, Blüten, Sprossen oder Teile davon.

Des Weiteren gibt es neben den Gewürzen noch Gewürzmischungen. Diese Gewürzmischungen bestehen ausschließlich aus Gewürzen ohne weitere Zusätze.

Gewürzzubereitungen und Gewürzpräparate dagegen beinhalten neben einem oder mehreren Gewürzen noch andere geschmackgebende und/oder geschmackbeeinflussende Zutaten. Gewürzzubereitungen und Gewürzpräparate bestehen aber mindestens aus 60 Prozent Gewürz.

Dann gibt es noch die Gewürzsalze. Das sind Mischungen von Speisesalz mit einem oder mehreren Gewürzen und/oder Gewürzzubereitungen/Gewürzpräparaten. Gewürzsalze bestehen aus mindestens 15 Prozent Gewürz und aus mehr als 40 Prozent Speisesalz. Eine Ausnahme bildet hier allerdings der Knoblauch als Gewürz. Das Gewürzsalz ist im Verhältnis so angemischt, dass in der Regel weder nachgesalzen noch nachgewürzt werden muss.

Blätter, Samen oder Zwiebel: Pflanzenteile für Gewürze

Aus welchen Pflanzenteilen werden Gewürze gewonnen? Im Folgenden findest du die Einteilung der Pflanzen mit einige Beispielen an bekannten Gewürzen:

- Blütengewürze: Gewürznelken, Kapern, Safran
- Fruchtgewürze: Anis, Chili, Fenchel, Koriander, Kreuzkümmel, Kümmel, Pfeffer, Piment, Sternanis, Wacholderbeeren, Vanille
- Krautgewürze: Basilikum, Beifuß, Bohnenkraut, Estragon, Dill, Kerbel, Liebstöckel, Lorbeerblätter, Majoran, Thymian, Petersilie, Oregano, Rosmarin, Salbei
- Rhizomgewürze: Ingwer, Kurkuma, Galgant (Ein Rhizom, altgriechisch rhizoma, »Eingewurzeltes«, ist in der Botanik ein Sprossachsensystem (»Erdspross«), das meist in der Erde oder dicht über dem Boden wächst.)
- Rindengewürze: Zimt
- Samengewürze: Muskatnuss, Kardamom, Schwarzkümmel
- Zwiebelgewürze: Knoblauch, Zwiebeln

1001 Gewürze und Kräuter

Es gibt unzählig viele Gewürze, Kräuter und Gewürzmischungen. Aus der schier endlosen Auswahl haben wir für dich die bekanntesten zusammengefasst.

Die meisten davon kennst du vielleicht bereits oder hast zumindest den Namen schon einmal gehört. Dieses Kochbuch soll allerdings kein umfassendes Gewürzbuch sein, das alle existierenden Gewürze beschreibt. Ich habe mich absichtlich auf die Gewürze beschränkt, die du im Allgemeinen im Supermarkt kaufen kannst.

Zu jedem Gewürz gehört eine kurze Beschreibung, aus welchem Pflanzenteil es gewonnen wird und zu welchen Zutaten oder Gerichten das betreffende Gewürz passt.

- Anis: Frucht, gut für Gebäck, Kuchen und Fleischgerichte.
- Bärlauch: vorwiegend Blätter, gut für Pesto, Salate, auch als Gemüse und Kräuterquark.
- Basilikum: Blätter, gut für Salate, Mozzarella, mediterrane Küche und Suppen.
- Beifuß: Triebspitzen, gut für fetten Fisch, Fleisch und Geflügel.
- Bohnenkraut: Blätter, gut für Eintöpfe, Kartoffelsuppe und grüne Bohnen.
- Borretsch, Gurkenkraut: Blätter, Blüten, gut für Gurken, Kürbis und Blattsalate.
- Brunnenkresse: Blätter, Triebe, gut für Salate.
- Cayennepfeffer: Frucht, gut für Rindfleisch, Fischsuppen und Salate.
- Chili: Frucht, gut für Fleisch, Fisch, Saucen und Eintöpfe.
- Currypulver: Gewürzmischung, gut für Fleisch, Fisch, Geflügel und Gemüse.
- Dill: Blätter, gut für Gewürzgurken, Gurkensalat und Fischgerichte.
- Estragon: Blätter, gut für Salate, Saucen und Gewürzgurken.
- Fenchel: Samen, Knollen, gut für Fischgerichte, Fenchelknolle auch als Gemüse.
- Gänseblümchen: Blätter, Blüten, Knospen, gut für Kräuterbutter, -essig, Suppen und Gemüsesalate.
- Gewürznelke: Blüten, gut für Gebäck und Desserts.
- Gemeiner Huflattich: Blüten, junge Blätter, gut für Suppen und herzhafte Salate.
- Ingwer: Rhizom, gut für Fleischgerichte, Reis, Saucen, Kompott, zum Einlegen von Gurken, Kürbis und Birnen.
- Kakaopulver: Samen, gut für Gebäck und Desserts.
- Kapern: Blüten, gut für helle Fleischgerichte, Frikassee, Salate, Königsberger Klopse, Eier, Remouladen und Fisch.
- Kapuzinerkresse: Blätter, gut für Salat, als Dekoration und für Marinaden.
- Grüner Kardamom: Samenkapseln, gut für Gebäck, Süßspeisen, Reisspeisen und Apfelkuchen.
- Schwarzer Kardamom: Samenkapseln, gut für Fischgerichte, Reisspeisen, Fleischbrühen, Hack- und Hammelfleischgerichte und gebratenes Hähnchen.

- → Kerbel: Blätter, gut für Salate, Suppen, Saucen, Tunken, Grillgerichte, Hammel- und Hühnerfleisch und Pilzgerichte.
- → Knoblauch: Zwiebeln, Keime, gut als Universalgewürz für alle herzhaften Speisen.
- → Koriander: Samenkapseln, frische Blätter, gut für Gebäck, Saucen, Brot, Beizen, Marinaden, Hülsenfruchtsuppen, Fischkonserven, -marinaden, Fleisch, Wirsing-, Weiß- und Rotkohl, Gewürzmischungen und Möhren.
- → Kresse: Blätter, gut für Salat, zum Gemüse, Fisch, Quark, Saucen, Suppen, Eier, Tomaten und als Garnitur z. B. auf Käse.
- → Kreuzkümmel, auch Cumin: Samen, gut für Fleischgerichte.
- → Kümmel: Samen, gut für Braten und -saucen, Kohl und -salate, Rotkraut, Weißkrautsalat, Brot, Brötchen, Sauerkraut, Pellkartoffeln, Bratkartoffeln und Pilzsuppen.
- → Kurkuma: Rhizom, Bestandteil der meisten Currymischungen.
- → Liebstöckel: Blätter, gut für Rind-, Schwein-, Hammelfleisch, Hackbraten, Suppen- und Gemüseeintöpfe, Marinaden, Rindsbouillon, Salate, Geflügel und Kochfisch.
- → Lorbeer: Blätter, gut für Gulasch, Weiß- und Rotkohl-Gerichte, Wild, Koch- und Schmorfleisch, Sülzen und als Einlegegewürz.
- → Macis, Muskatblüte: Samen, gut für Gebäck, Rosenkohl und Blumenkohl.
- → Majoran: Blätter, gut für Fleischgerichte, insbesondere Geflügel, Salate, Pasteten, Bratkartoffeln, Kartoffelsuppe, Hülsenfrüchtesuppen und Innereien.
- → Meerrettich: Wurzel, gut für Fisch und Fleisch.
- → Minze: Blätter, gut für Tee, Desserts und Minzsauce.
- → Mohnsamen: Samen, gut für Gebäck und Brot.
- → Muskatnuss: Samen, gut für Kartoffeln, Rosenkohl, Blumenkohl, Klöße/Knödel, Salate, Käseaufläufe, Schwarzwurzeln, Möhren, Ragout, Weihnachtsgebäck und Spinat.
- → Oregano: Blätter, gut für die mediterrane Küche und Pizza.
- → Paprika (süß, Rosen-): Frucht, gut für geschmortes Rindfleisch, Hähnchen, Gulasch und Tomatensuppe.
- → Peperoni: Frucht, gut zum Schärfen von Gerichten.
- → Petersilie: Blätter und Wurzel, gut für Gemüse, Salate, Suppen und Lachs.
- → Pfeffer, weiß, schwarz, grün: Frucht, gut zum Schärfen von Gerichten.
- → Pfefferminze: Blätter, gut für Salate, Saucen, Mixgetränke, Hammelbraten und Pilze.
- → Piment, Nelkenpfeffer: Frucht, gut für Fleisch- und Fischgerichte.
- → Pimpinelle: Blätter und Blüten, gut für Salate, Pilzgerichte, Wild, Suppen, Essig und Butter.
- → Rosmarin: Blätter, gut für Fleischgerichte, Lamm, Kartoffeln, Fisch, Marinaden, Käse-, Pilz- und Tomatenzubereitungen.
- → Rucola: Blätter, gut für Salate und Risotto.
- → Safran: Blüten, gut für Suppen, Gebäck und Reisgerichte.

- Salbei: Blätter, gut für Pasta, Fleischgerichte und die italienische Küche.
- Schalotte: Zwiebeln, gut für Salate, Fischgerichte und auch als Gemüse.
- Schnittlauch: Blätter, gut für Gemüse und Salate.
- Senf: Samen, gut für Saucen, Salate, auch als Würzmischung, Einlegegewürz und Wurstgewürz.
- Sternanis: Samen, gut für Gebäck, Fleischspeisen, Süßspeisen und Pflaumenmus.
- Stevia: Blätter, gut zum Süßen.
- Thymian: Blätter, gut für Saucen, Eintöpfe, Fleisch und -füllungen, Schmalz, Pilzgerichte, Gemüse, Hülsenfrüchte, Marinaden und Fisch.
- Trüffel: Pilzkörper, gut für Saucen, Wildgerichte und Pasteten.
- Vanille: Früchte, gut für Desserts und Saucen.
- Wasabi, japanischer Meerrettich: Rhizom, gut zu Sushi und Tempura.
- Wacholder: Beeren, gut für Braten, Saucen, Sauerkraut, Beizen, Wild, Fischgerichte und Marinaden.
- Waldmeister: Kraut, gut für Desserts und Bowlen.
- Weinblätter: Blätter, gut zum Schmoren und Einlegen von Essiggemüse.
- Zimt: innere Rindenschicht; getrocknete Blüten, gut für Braten, arabische Küche, Gebäck, Desserts, Obstzubereitungen, Rotkohl, Quark, Punsch und in Lebkuchen.
- Zitronengras: Halme und Blattbasis, gut für Wokgerichte.
- Zitronenmelisse: Blätter, gut für Fisch, Geflügel, Salate und kalten Braten.
- Zitronenschale, -saft: Frucht, gut für Saucen, Marinaden, Desserts, Gebäck und allgemein als Säuerungsmittel.
- Zitronenthymian: Blätter, gut für Fisch, Fleisch, Suppen, Salate und Desserts.
- Zwiebel: Zwiebeln, gut für Braten, Gemüse, Salate, Fisch, als eigenständiges Gemüse und Einlegezutat.

Die obige Auswahl an Gewürzen soll dich dazu einladen, das ein oder andere Gewürz einmal auszuprobieren.

Low-Carb kochen

Ein Kochbuch wird erst durch praktische Listen richtig abgerundet. Diese Listen dürfen daher natürlich auch in diesem Kochbuch nicht fehlen. Wir haben für dich Zutaten und Lebensmittel zusammengefasst, die für eine Low-Carb-Ernährung typisch sind. Die Listen geben dir neben den Rezepten weitere Anregungen, welche Lebensmittel du verwenden kannst. Probiere einfach verschiedene Dinge aus, wandle Rezepte nach deinen Wünschen ab oder kreiere eigene leckere Gerichte.

Typische Low-Carb-Zutaten

Die folgenden Lebensmittel sind häufig in einer gut sortierten Low-Carb-Küche anzutreffen. Zutaten wie beispielsweise Nüsse, Samen und Öle lassen sich relativ lange lagern und deshalb hervorragend auf Vorrat besorgen.

Avocados sind ein Klassiker in der Low-Carb-Küche.

- Avocados
- Butter
- Chiasamen
- Crème fraîche
- dunkle Schokolade ohne Zucker
- Eier
- Flohsamenschalen
- Frischkäse
- Gewürze aller Art
- griechischer Joghurt
- Haferkleie
- Haselnusskerne
- Haselnüsse, gemahlen
- Knoblauch
- Kokosflocken/Kokosraspel
- Kokosmilch
- Kokosöl
- körniger Frischkäse (Hüttenkäse)
- Kräuter aller Art (frisch und getrocknet)
- Kürbiskerne
- Leinöl
- Leinsamen, ganz
- Leinsamen, geschrotet
- Leinsamenmehl
- Mandelmehl
- Mandeln, ganz
- Mandeln, gehobelt
- Mandeln, gehackt
- Mandeln, gemahlen
- Oliven
- Olivenöl
- Pinienkerne
- Quark 40 % Fett
- Schlagsahne
- Schmand
- Sesamsamen
- Sonnenblumenkerne
- Vollmilch
- Walnusskerne
- Erythrit
- Xylit (Birkenzucker)
- Zitronen/Zitronensaft
- Zwiebeln

Sesamsamen, Leinsamen, Kürbiskerne und Sonnenblumenkerne solltest du immer im Vorratsschrank haben.

Low-Carb-Zutaten im Kühlschrank

Aus den folgenden Lebensmitteln kannst du nach deinem ganz persönlichen Geschmack auswählen. Sie sind als Anregung dafür gedacht, was du unter anderem für dein tägliches Frühstück oder als Snack in deinem Kühlschrank haben könntest – zum Beispiel als Belag für dein Low-Carb-Brot oder als Gemüse zum Knabbern für zwischendurch.

Käse

- Brie
- Camembert
- Edamer
- Esrom
- Frischkäse
- Gouda
- Harzer Roller
- Hüttenkäse
- Mozzarella
- Tilsiter
- Ziegenkäse

Wurst

- Bierwurst
- Bratenaufschnitt
- Fleischwurst
- gekochter Schinken
- Jagdwurst
- Mettwurst
- Putenbrustaufschnitt
- Salami
- Schwarzwälder Schinken
- Tatar
- Truthahnbrustaufschnitt

Fisch

- Aal
- gebeizter Lachs
- Rollmops
- Thunfisch

Vegetarisches zum Knabbern

- Avocado
- Oliven
- Kohlrabi
- Paprika
- Radieschen
- Rettich
- Salatgurke
- Tomaten

Low-Carb-Lebensmittel von Fleisch und Geflügel bis Öle und Fette

In den folgenden Listen findest du reichlich Lebensmittel und Zutaten für deine Low-Carb-Ernährung, und zwar sortiert nach Kategorien. So bekommst du einen guten Überblick, welche Zutaten du zum Kochen und Backen verwenden kannst. Natürlich musst du nicht alle Zutaten im Haus vorrätig haben, sondern sieh sie als Anregung für deine eigenen Rezepte.

Fleisch und Geflügel

Fleisch und Geflügel sind reich an Eiweiß und enthalten besonders wenig Kohlenhydrate. In der Regel sind es weniger als 1 Gramm auf 100 Gramm Fleisch bzw. Geflügel.

- → Hähnchen
- → Hammelfleisch
- → Hirsch
- → Huhn
- → Kalbfleisch
- → Lammfleisch
- → Pute
- → Rindfleisch
- → Schweinefleisch
- → Truthahn
- → Wildschwein

Wurst und Auflage

Die Liste wird durch Wurst und Auflage aus Fleisch und Geflügel vervollständigt. Hier solltest du aber bei den entsprechenden Produkten auf die Angaben des Herstellers achten, da zum Teil durch Zusätze vermehrt Kohlenhydrate enthalten sein können. Dabei hilft die einfache Faustregel: Je weniger Zusätze das Produkt aufweist und je naturbelassener es ist, umso besser.

Die Liste erhebt aufgrund der Masse an Wurstsorten, die es gibt, natürlich keinen Anspruch auf Vollständigkeit.

- → Bierwurst
- → Bratenaufschnitt
- → Fleischwurst
- → gekochter Schinken
- → Jagdwurst
- → Mettwurst
- → Putenbrustaufschnitt
- → Salami
- → Schwarzwälder Schinken
- → Tatar
- → Truthahnbrustaufschnitt

Fisch und Meeresfrüchte

Auch Fisch und Meeresfrüchte sind wie Fleisch und Geflügel besonders eiweißreich und enthalten wenig Kohlenhydrate. Fette Fischsorten, wie beispielsweise der Lachs, haben eine höhere Menge an wertvollen und gesunden Fettsäuren.

Aufgrund der Überfischung der Meere solltest du beim Kauf von Fisch und Meeresfrüchten unbedingt auf Siegel achten, die eine nachhaltige Fischerei belegen.

- → Calamari
- → Dorsch
- → Flunder
- → Forelle
- → Garnelen
- → Heilbutt
- → Hering
- → Hummer

Unbedingt mal probieren: Thunfisch.

- Krabben
- Lachs
- Languste
- Miesmuschel
- Pangasius
- Rotbarsch
- Sardelle
- Sardine
- Scampi
- Scholle
- Seehecht
- Seelachs
- Seezunge
- Shrimps
- Thunfisch

Gemüse und Salat

Gemüse und Salat liefern wertvolle Nährstoffe wie Vitamine, Mineralien, Ballaststoffe und sekundäre Pflanzenstoffe. Deshalb sind sie eine wichtige Grundlage in deiner Low-Carb-High-Quality-Ernährung.

Die folgende Liste enthält eine große Auswahl als Anregung für deinen Einkaufszettel.

Tipp: Viele Gemüsesorten lassen sich gut einfrieren bzw. tiefgefroren kaufen. Tiefkühlware ist eine prima Alternative zu frisch gekauftem Gemüse, wenn du nicht die Möglichkeit hast, jeden Tag einkaufen zu gehen. Tiefkühlware ist besser als ihr Ruf, denn das Gemüse wird ganz frisch eingefroren und so bleiben die Nährstoffe weitestgehend erhalten.

- Artischocke
- Aubergine
- Bärlauch
- Blumenkohl
- Brokkoli
- Chinakohl
- Eisbergsalat
- Feldsalat
- Fenchel
- Knoblauch
- Kohlrabi
- Kopfsalat
- Mangold
- Paprika
- Peperoni
- Porree
- Radicchio

Geht immer: frischer Eisbergsalat.

- Rettich
- Rhabarber
- Rotkohl
- Rucola
- Salatgurke
- Schalotte
- Sellerie
- Spargel
- Spinat
- Steckrübe
- Tomate
- Weißkohl
- Zucchini
- Zwiebel

Früchte

Früchte haben in der Regel mehr Kohlenhydrate als Gemüse. Deshalb solltest du beim Verzehr von Obst auf die jeweilige Menge der Kohlenhydrate achten und sie in deine Tagesbilanz einrechnen.

Es gibt allerdings einige Früchte, die wenig Kohlenhydrate enthalten und deshalb hervorragend zu Low-Carb High-Quality passen. Diese Früchte haben reichlich wertvolle Fettsäuren und sind:

- Avocado
- grüne Oliven
- schwarze Oliven

Beeren weisen im Vergleich zu vielen anderen Obstsorten relativ wenig Kohlenhydrate auf. Deshalb sind sie für Low-Carb High-Quality wunderbar geeignet.

- Blaubeere (Heidelbeere)
- Brombeere
- Erdbeere
- Himbeere
- Holunderbeere
- Johannisbeere
- Preiselbeere
- Stachelbeere

Beeren passen wunderbar ins Low-Carb-Konzept.

Zitrusfrüchte haben ebenso einen relativ moderaten Anteil an Kohlenhydraten und stehen in der Low-Carb-High-Quality-Pyramide auf derselben Stufe wie das Beerenobst.

- Orange
- Mandarine
- Pampelmuse
- Grapefruit
- Limette
- Kumquat
- Zitrone

Die folgenden Obstsorten weisen einen höheren Anteil an Kohlenhydraten auf und sollten nur in Maßen genossen werden. Vergleiche dazu auch die Low-Carb-High-Quality-Pyramide.

- Ananas
- Apfel
- Aprikose
- Birne
- Honigmelone
- Kiwi
- Mango
- Mirabelle
- Nektarine
- Passionsfrucht
- Pfirsich
- Pflaume
- Quitte
- Wassermelone
- Zwetschge

Milchprodukte

Die meisten Milchprodukte passen hervorragend in eine Low-Carb-Ernährung. Je nach Milchprodukt sind sie eiweißreich, wie beispielsweise Quark, und/oder fettreich, wie beispielsweise Käse. Auf Light-Varianten sollte im Allgemeinen verzichtet werden, da diese Produkte in der Regel mehr Kohlenhydrate, oft in Form von Zucker, besitzen als das ursprüngliche Produkt.

- Butter
- Crème fraîche
- Feta
- Frischkäse
- griechischer Joghurt
- körniger Frischkäse (Hüttenkäse)
- Mozzarella
- Parmesan
- saure Sahne
- Schafskäse
- Schlagsahne
- Schmand
- Schnittkäse aller Art
- Vollmilch
- Weichkäse aller Art
- Ziegenkäse

Würziger Parmesan gibt Gerichten eine besondere Geschmacksnote.

Nüsse und Samen

Viele Nüsse und Samen haben eine gute und ausgewogene Nährstoffzusammensetzung und sind ideal für die Low-Carb-Ernährung. Aber auch hier gibt es Ausnahmen mit einem vergleichsweise hohen Anteil an Kohlenhydraten, wie beispielsweise Cashewkerne.

Die folgende Liste beinhaltet eine Auswahl an Nüssen und Samen, die zu Low-Carb High-Quality passen.

- Chiasamen
- Haselnuss
- Kokosnuss
- Kürbiskerne
- Leinsamen
- Macadamianuss
- Mandeln
- Mohn
- Paranuss
- Pekannuss
- Pinienkerne
- Pistazien
- Sesamsamen
- Sonnenblumenkerne

Bei fertigen Nussmischeungen unbedingt darauf achten, dass keine Cashewkerne enthalten sind.

Öle und Fette

Öle und Fette haben im Allgemeinen nahezu keine Kohlenhydrate. Beim Kauf solltest du vor allem darauf achten, dass es sich um qualitativ hochwertige Öle und Fette handelt und die jeweilige Sorte für den Zweck geeignet ist.

Zum Erhitzen und Braten geeignete Öle/Fette:

- Erdnussöl
- Butterschmalz (Ghee)
- Olivenöl
- Kokosöl/Kokosfett
- Schweineschmalz
- Sesamöl
- Sojaöl
- Sonnenblumenöl

Aus dieser Liste bevorzugen wir für unsere Rezepte zum Braten das Butterschmalz (Ghee).

Im Folgenden findest du Öle, die zum Braten weniger geeignet sind, aber wunderbar für kalte Speisen wie Salate oder Quarkspeisen verwendet werden können. Die Öle, die du vorzugsweise kalt genießen solltest, sind:

- Kürbiskernöl
- Leinöl
- Rapsöl
- Traubenkernöl
- Walnussöl

Zum Umgang mit diesem Buch

Die Rezepte im Folgendem sind in die Kategorien »Frühstück«, »Mittag-« und »Abendessen« und »Snacks« gegliedert. Viele Frühstücksrezepte eignen sich z.B. auch als Snacks, daher findest du bei jedem Rezept Icons, die dir helfen, dir einen schnellen Überblick zu verschaffen. Auch vegetarische Rezepte sind gekennzeichnet.

Frühstück

Snack

Mittag

Vegetarisch

Abendessen

Zu jedem Rezept findest du genaue Nährwertangaben:
Kohlenhydrate (KH)
Fett
Eiweiß (EW)
Kilokalorien (Kcal)
Kilojoule (Kjoule)

Gemüse-, Rinder- und Hühnerbrühe leicht gemacht

In einigen Rezepten in diesem Kochbuch wird Gemüse-, Hühner- oder Rinderbrühe verwendet. Instantbrühen sind zwar einfach zu handhaben und lange haltbar, aber oft auch mit Zusatz- und Konservierungsstoffen belastet. Fertige Brühen aus dem Glas sind meist schon besser, da sie weniger unerwünschte Stoffe enthalten. Wenn du ganz sichergehen willst, dass in deinen Brühen nur gute Zutaten drin sind und sie eine maximale Qualität aufweisen, dann koche deine Brühen einfach selbst.

Selbst gemachte Brühen lassen sich sehr gut portionsweise einfrieren, sodass du immer einen Vorrat an verschiedenen Brühen im Eisfach hast.

Gemüsebrühe Ⓥ

Zutaten:

3 Möhren
3 Selleriestangen
½ Knollensellerie
1 Stange Lauch
1 Tomate
1 Gemüsezwiebel
1 Bund Petersilie
1 Knoblauchzehe
1 Lorbeerblatt
1 TL Thymian
2 l Wasser

So wird's gemacht:

Alle Zutaten entsprechend putzen oder schälen. Das Gemüse klein schneiden und mit den Gewürzen in einen großen Suppentopf geben. Mit dem Wasser aufgießen und zum Kochen bringen. Den entstehenden Schaum mit der Schaumkelle abschöpfen.

Die Hitze reduzieren und die Brühe halb zugedeckt 2 Stunden köcheln lassen.

Ein Passiertuch in ein Sieb legen und die Brühe durch das Sieb in ein großes Gefäß gießen. Das ausgesiebte Gemüse wegwerfen.

Die Brühe auskühlen lassen und dann in geeignete Tiefkühlbehälter bis zu 1 cm unter den Rand abfüllen. Die Brühe ist im Tiefkühlfach bis zu 6 Monate haltbar.

Rinderbrühe

Zutaten:

3 Möhren
3 Selleriestangen
1 Tomate
2 Gemüsezwiebel
1 Bund Petersilie
1 Knoblauchzehe
1 Lorbeerblatt
1 TL schwarze Pfefferkörner
3 kg grob gehackte fleischige Rinderknochen
4 l Wasser

So wird's gemacht:

Das Gemüse entsprechend putzen oder schälen und klein schneiden. Das Gemüse und die Gewürze mit den grob gehackten fleischigen Rinderknochen in einen großen Suppentopf geben. Mit dem Wasser aufgießen und zum Kochen bringen. Den entstehenden Schaum mit der Schaumkelle abschöpfen.

Die Hitze reduzieren und die Brühe im offenen Topf 5 Stunden köcheln lassen. Zwischendurch immer wieder den Schaum abschöpfen. Die Brühe nicht umrühren und nicht sprudelnd kochen lassen, sonst wird sie trüb.

Die Knochen mit dem Schaumlöffel aus der Brühe holen. Das Fleisch an den Knochen kann nach Belieben anderweitig verwendet werden. Ein Passiertuch in ein Sieb legen und die Brühe durch das Sieb in ein großes Gefäß gießen. Das ausgesiebte Gemüse wegwerfen.

Die Brühe auskühlen lassen und dann in geeignete Tiefkühlbehälter bis zu 1 cm unter den Rand abfüllen. Die Brühe ist im Tiefkühlfach bis zu 6 Monate haltbar.

Hühnerbrühe

Zutaten:
3 Möhren
3 Selleriestangen
1 Tomate
2 Gemüsezwiebeln
1 Bund Petersilie
1 Knoblauchzehe
1 Lorbeerblatt
1 TL schwarze Pfefferkörner
3 kg Hühnerteile (Hälse, Schenkel, Knochen oder Innereien mit Ausnahme der Leber)
4 l Wasser

So wird's gemacht:

Das Gemüse entsprechend putzen oder schälen und klein schneiden. Das Gemüse und die Gewürze mit den Hühnerteilen in einen großen Suppentopf geben. Mit dem Wasser aufgießen und zum Kochen bringen. Den entstehenden Schaum mit der Schaumkelle abschöpfen.

Die Hitze reduzieren und die Brühe im offenen Topf etwa 2–3 Stunden köcheln lassen. Zwischendurch immer wieder den Schaum abschöpfen. Die Brühe nicht umrühren und nicht sprudelnd kochen lassen, sonst wird sie trüb.

Das Hühnerfleisch und die Knochen mit dem Schaumlöffel aus der Brühe nehmen. Das Hühnerfleisch kann nach Belieben anderweitig verwendet werden. Ein Passiertuch in ein Sieb legen und die Brühe durch das Sieb in ein großes Gefäß gießen. Das ausgesiebte Gemüse wegwerfen.

Die Brühe auskühlen lassen und dann in geeignete Tiefkühlbehälter bis zu 1 cm unter den Rand abfüllen. Die Brühe ist im Tiefkühlfach bis zu 6 Monate haltbar.

Rezepte:
Frühstück

Joghurt-Minz-Müsli Ⓕ Ⓢ Ⓥ

Zubereitung: 10 Minuten
Für 2 Portionen

Zutaten:
4 Stängel frische Minze
100 ml Vollmilch
1 EL Birkenzucker (Xylit)
500 g griechischer Joghurt
50 g Sonnenblumenkerne
20 g Kokosraspel
20 g gestiftete Mandeln
50 g Himbeeren

	100 g	Portion
KH	4,8	19,1
Fett	12,8	50,6
EW	5,3	20,8
Kcal	162	638
Kjoule	676	2671

So wird's gemacht:

Die Minzblätter von den Stängeln zupfen, waschen und trocken schütteln. 4 kleine Blättchen beiseitelegen zum Garnieren.

Die Vollmilch, die Minzblätter und den Birkenzucker in eine Schüssel geben und mit dem Stabmixer pürieren. Anschließend den Joghurt unterrühren.

Das Joghurt-Minz-Püree in 2 Gläser füllen, die Sonnenblumenkerne, die Kokosraspel und die Mandeln vermischen und über das Püree streuen. Mit einigen Himbeeren und Minzblättchen garnieren und die restlichen Himbeeren dazu servieren.

(Foto: siehe Seite 34/35)

Pekannuss-Zimt-Porridge Ⓕ Ⓢ Ⓥ

Zubereitung: 15 Minuten
Für 1–2 Portionen

Zutaten:

20 g Pekannusskerne
200 ml Vollmilch (alternativ Mandelmilch)
25 g Frischkäse (Doppelrahmstufe)
20 g Kokosmehl
1 EL Erythrit oder Birkenzucker (Xylit)
1 TL Zimt
20 g Chiasamen
10 g gehackte Mandeln

So wird's gemacht:

3 schöne Pekannusskerne zum Garnieren beiseitelegen, die restlichen grob hacken.

Die Milch, den Frischkäse, das Kokosmehl, das Erythrit bzw. den Birkenzucker, den Zimt, die Chiasamen und die gehackten Mandeln in einen kleinen Topf geben. Alle Zutaten gut verrühren und unter gelegentlichem Rühren erhitzen, aber nicht kochen.

Sobald die Chiasamen quellen und das Porridge angedickt ist, die gehackten Pekannusskerne unterrühren und das Porridge vom Herd nehmen.

Das Porridge mit den Pekannusskernen garnieren und warm servieren. Je nach morgendlichem Appetit können aus dem Porridge 1 oder 2 Portionen gemacht werden.

	100 g	Portion (2)
KH	6,8	10,5
Fett	13,9	21,4
EW	6,9	10,7
Kcal	182	280
Kjoule	757	1166

Mandel-Nuss-Brot mit ganzen Nüssen (F)(A)(S)(V)

Vorbereitung: 20 Minuten
Backen: 60 Minuten
Für 1 Brot mit ca. 15 Scheiben

Zutaten:

5 Eier (Größe L)
250 g Quark (40 %)
400 g blanchierte, gemahlene Mandeln
50 g Leinsamen
50 g ganze Paranüsse
50 g ganze Walnüsse
50 g ganze Haselnüsse
Salz
1 Pck. Trockenhefe

So wird's gemacht:

Den Backofen auf 180 °C Umluft bzw. 200 °C Ober-/Unterhitze vorheizen.

Die Eier in einer Schüssel mit dem Quark verrühren. Alle trockenen Zutaten, auch die Trockenhefe, in einer zweiten Schüssel miteinander vermischen und anschließend unter die Quark-Ei-Masse rühren.

Den Teig mindestens 10 Minuten gehen lassen.

Eine Brotform mit Backpapier auskleiden und den Teig hineinfüllen. Das Brot ca. 60 Minuten auf mittlerer Schiene im Ofen backen.

Die Stäbchenprobe machen, um zu überprüfen, ob das Brot durchgebacken ist, ggf. die Backzeit entsprechend verlängern.

Das Brot vor dem Anschneiden vollständig abkühlen lassen.

	100 g	Portion
KH	4,7	3,3
Fett	33,7	25,7
EW	17	11,4
Kcal	395	297
Kjoule	1650	1234

Avocado-Joghurt mit Beeren Ⓕ Ⓢ Ⓥ

Zubereitung: 10 Minuten
Für 2 Portionen

Zutaten:
1 Avocado
4 Stängel Zitronenmelisse
1 EL Zitronensaft
150 ml Mandelmilch
2 EL Birkenzucker (Xylit)
200 g griechischer Joghurt
100 g Beeren nach Wahl

	100 g	Portion
KH	4,0	15,9
Fett	7,6	29,3
EW	1,6	6,0
Kcal	99	386
Kjoule	415	1619

So wird's gemacht:

Die Avocado vierteln, den Kern entfernen und die Schale abziehen. Die Zitronenmelisse waschen, trocken schütteln und die Blättchen abzupfen. Einige Blätter zum Garnieren zur Seite legen.

Das Avocadofruchtfleisch, die Blättchen der Zitronenmelisse, den Zitronensaft, die Mandelmilch und den Birkenzucker in eine Schüssel geben und mit dem Stabmixer fein pürieren. Den griechischen Joghurt unterheben und die Masse auf zwei Gläser aufteilen. Mit den Beeren und den Zitronenmelisseblättern garnieren.

Frühstückskuchen Ⓕ Ⓐ Ⓢ Ⓥ

Zubereitung: 30 Minuten
Für 1 Frühstückskuchen
(2–4 Portionen)

Zutaten:

4 Eier (Größe M)
100 g Quark (40 %)
50 g blanchierte, gemahlene Mandeln
½ TL Chiliflocken
1 TL getrockneten Estragon
geriebene Muskatnuss nach Geschmack
Salz und Pfeffer
100 g Blattspinat, TK oder frisch
50 g geriebener Cheddar

So wird's gemacht:

Den Backofen auf 160 °C Umluft oder 180 °C Ober-/Unterhitze vorheizen.

Die Eier in einer Schüssel mit dem Quark, den Mandeln und den Gewürzen verquirlen.

Eine runde Auflaufform mit einem Bogen Backpapier auslegen und den Teig hineinfüllen. Der Teig ist recht flüssig, wird aber beim Backen fest.

Den Kuchen 15 Minuten im Ofen vorbacken.

Den Spinat auf dem vorgebackenen Kuchen verteilen und mit dem geriebenen Cheddar bestreuen. Den Frühstückskuchen im Ofen überbacken, bis der Käse geschmolzen ist.

	100 g	Portion (4)
KH	1,8	2,3
Fett	13,9	18,5
EW	11,9	15,8
Kcal	183	243
Kjoule	760	1011

Power-Frühstücksteller (F)(A)(S)(V)

Zubereitung: 10 Minuten
Für 2 Portionen

Zutaten:
1 Ei (Größe M)
10 g gerösteter Sesam
1 rote Paprikaschote
½ Avocado
150 g griechischer Joghurt
1 EL Erythrit
Zitronensaft nach Geschmack
80 g geräucherter Lachs

So wird's gemacht:

Das Ei hart kochen und pellen, dann in Viertel schneiden und in den gerösteten Sesamsamen wälzen.

Die Paprikaschote waschen, putzen und in Streifen schneiden. Das Fruchtfleisch der Avocado-Hälfte in Spalten schneiden.

Den griechischen Joghurt mit dem Erythrit und dem Zitronensaft in einer Schüssel glatt rühren.

Das Gemüse, das Sesamei und den geräucherten Lachs auf 2 Tellern mit dem Zitronenjoghurt anrichten.

	100 g	Portion
KH	3,8	10,7
Fett	7,8	22,2
EW	5,8	16,4
Kcal	110	314
Kjoule	462	1313

Paprika-Zwiebel-Brot (F) (A) (S) (V)

Zubereitung: 15 Minuten
Für 2 Portionen

Zutaten:
1 Gemüsezwiebel
etwas Butterschmalz (Ghee)
1 rote Paprika
50 g Lauch
Salz und Pfeffer
geriebene Muskatnuss nach Geschmack
1 TL Paprikapulver, edelsüß
2 Eier (Größe M)
20 ml Vollmilch
50 g geriebener Gouda
frischer Estragon nach Geschmack
frische Petersilie nach Geschmack
2 Scheiben selbst gebackenes Low-Carb-Brot (Rezept siehe Seite 45)

	100 g	Portion
KH	5,2	16
Fett	3,3	10,2
EW	5	15,3
Kcal	86	264
Kjoule	358	1103

So wird's gemacht:

Die Gemüsezwiebel abziehen, in halbe Ringe schneiden und in einer Pfanne mit dem Ghee anbraten.

Die Paprika waschen, putzen, in kleine Würfel schneiden und mit in die Pfanne geben.

Den Lauch putzen, gründlich waschen, in Ringe schneiden und ebenfalls mitbraten. Alles mit Salz, Pfeffer, Muskatnuss und dem Paprikapulver würzen.

Die Eier in einer Schüssel mit der Milch und dem Gouda verquirlen und mit Salz und Pfeffer würzen. Die Pfanne vom Herd nehmen, die Eimasse unter das Gemüse heben und stocken lassen. Die Kräuter waschen, trocken schütteln, fein hacken und untermischen.

Das Low-Carb-Brot nach Wunsch toasten und die Paprika-Zwiebel-Masse darauf verteilen.

Apfel-Möhren-Muffins (F) (S) (V)

Zubereitung: 35 Minuten
Für 10 Muffins (3–5 Portionen)

Zutaten:
250 g Möhren
1 Apfel
Saft 1 kleinen Zitrone
4 Eier (Größe M)
50 g Kokosmehl
50 g gemahlene Mandeln
1 TL Natron
1 EL Chiasamen
2 EL Birkenzucker (Xylit)
etwas Fett für die Form

So wird's gemacht:

Den Backofen auf 160 °C Umluft oder 180 °C Ober-/Unterhitze vorheizen.
Die Möhren und den Apfel putzen, waschen, fein raspeln und in einer Schüssel mit dem Zitronensaft vermischen.
Die Eier in einer separaten Schüssel verquirlen. Die trockenen Zutaten in einer weiteren Schüssel vermischen und anschließend mit der Eimasse verrühren.
Die Möhren- und die Apfelraspel unter den Teig mischen.
Den Muffinteig auf 10 gefettete Muffinformen aufteilen, in den Ofen schieben und 25 Minuten backen.

	100 g	Portion (3)
KH	7,7	22,4
Fett	6,4	18,7
EW	6,2	18,1
Kcal	125	364
Kjoule	523	1520

Aprikosen-Müsli-Muffins Ⓕ Ⓢ Ⓥ

Zubereitung: 35 Minuten
Für 6 Muffins (3 Portionen)

Zutaten:
4 Aprikosen
1 TL Natron
15 g Chiasamen
50 g gemahlene Mandeln
20 g Leinsamenmehl
20 g Sonnenblumenkerne
20 g Kürbiskerne
20 g gehackte Walnusskerne
1 TL Birkenzucker (Xylit)
3 Eier (Größe M)
1 EL Zitronensaft
etwas Fett für die Form

So wird's gemacht:

Den Backofen auf 160 °C Umluft oder 180 °C Ober-/Unterhitze vorheizen.

Die Aprikosen waschen, entkernen und klein schneiden.

Die trockenen Zutaten in einer Schüssel vermischen. Die Eier in einer separaten Schüssel verquirlen und mit dem Zitronensaft vermischen. Anschließend die trockene Zutatenmischung unter die Eimasse rühren.

Die klein geschnittenen Aprikosen unter den Teig mischen.

Den Muffinteig auf 6 gefettete Muffinformen aufteilen und 20 Minuten im Ofen backen.

	100 g	Scheibe
KH	5,5	9,3
Fett	16,2	27,4
EW	11,4	19,3
Kcal	227	385
Kjoule	949	1610

Leinsamenbrot Ⓕ Ⓐ Ⓢ Ⓥ

Vorbereitung: 15 Minuten
Backen: 50 Minuten
Für 1 Brot mit ca. 15 Scheiben

Zutaten:

200 g gemahlene Mandeln
100 g geschrotete Leinsamen
100 g Leinsamenmehl
200 g Sonnenblumenkerne
1 TL Natron
50 g Chiasamen
Salz
1 EL Balsamico
600 ml Wasser

So wird's gemacht:

Den Backofen auf 180 °C Umluft bzw. 200 °C Ober-/Unterhitze vorheizen.

Alle trockenen Zutaten in einer Schüssel miteinander vermischen. Den Balsamico in das Wasser geben, über die trockene Zutatenmischung schütten und alles gut miteinander verkneten.

Eine Brotbackform mit Backpapier auskleiden und den Teig hineinfüllen. Das Brot ca. 50 Minuten auf mittlerer Schiene im Ofen backen.

Die Stäbchenprobe machen, um zu überprüfen, ob das Brot durchgebacken ist. Ggf. die Backzeit entsprechend verlängern. Das Brot vor dem Anschneiden vollständig abkühlen lassen.

	100 g	Scheibe
KH	2,4	2
Fett	22,3	18,8
EW	13,3	11,1

Kürbiskernbrötchen (F) (A) (S) (V)

Zubereitung: 45 Minuten
Für 4 Brötchen

Zutaten:

3 Eier (Größe M)
250 g Quark (40 %)
100 g gemahlene Mandeln
100 g Kürbiskerne
30 g Flohsamenschalen
10 g Leinsamenmehl
½ TL Salz
½ TL Natron

So wird's gemacht:

Den Backofen auf 160 °C Umluft bzw. auf 180 °C Ober-/Unterhitze vorheizen.

Die Eier in einer Schüssel mit dem Quark cremig schlagen.

Die trockenen Zutaten in einer zweiten Schüssel vermischen und zur Quark-Ei-Masse geben. Alles sorgfältig verrühren.

Den Brötchenteig 10 Minuten ruhen lassen.

Aus dem Teig mit den Händen 4 Brötchen formen, auf ein mit Backpapier belegtes Blech legen und 30 Minuten im Ofen backen.

Die Kürbiskernbrötchen nach dem Backen vollständig abkühlen lassen.

	100 g	Portion
KH	4,8	8
Fett	21,2	35,2
EW	14,5	24,1
Kcal	272	451,2
Kjoule	1136	1886

Mandel-Papaya-Frühstückscreme

Zubereitung: 10 Minuten
Für 3 Portionen

Zutaten:
1 Papaya
6 Minzblätter
150 g Kokosmilch
100 g gemahlene Mandeln
200 g griechischer Joghurt
1 EL Birkenzucker (Xylit)
1 EL gehackte Mandeln

So wird's gemacht:

Das Fruchtfleisch der Papaya in Streifen schneiden. Die Minzblätter waschen, trocken schütteln und beiseitelegen.
Die Kokosmilch in einen Topf geben und auf kleiner Flamme erwärmen. Die gemahlenen Mandeln, den griechischen Joghurt und den Birkenzucker hinzugeben und einrühren.
Die Mandel-Kokos-Creme in 3 Schüsseln füllen und mit den gehackten Mandeln und den Minzblättern garnieren. Die Papayastreifen dazu servieren und genießen.

	100 g	Portion
KH	5,7	18,7
Fett	11,3	37
EW	3,8	12,6
Kcal	147	480
Kjoule	614	2008

Avocado-Tomaten-Frittata (F)(A)(S)(V)

Zubereitung: 45 Minuten
Für 2 Portionen

Zutaten:
1 Avocado
250 g Kirschtomaten
4 Eier (Größe M)
100 g Frischkäse (Doppelrahmstufe)
Chiliflocken nach Geschmack
Salz und Pfeffer
getrockneter Estragon nach Geschmack
getrocknete Petersilie nach Geschmack
etwas Fett für die Form

So wird's gemacht:

Den Backofen auf 160 °C Umluft bzw. auf 180 °C Ober-/Unterhitze vorheizen.
Die Avocado halbieren, entkernen, schälen und das Fruchtfleisch klein schneiden. Die Kirschtomaten waschen, trocken tupfen und halbieren.
Die Eier in einer Schüssel mit dem Frischkäse verquirlen, die Gewürze und Kräuter nach Geschmack hinzufügen und die Zutaten gut miteinander verrühren.
Den Frischkäseteig in eine kleine gefettete Auflaufform füllen und die Tomaten- und Avocadostückchen darauflegen. Die Frittata ca. 20 Minuten im Ofen backen.

	100 g	Portion
KH	3,2	11,8
Fett	9,8	37
EW	5,9	22,2
Kcal	125	469
Kjoule	522	1962

Erdbeer-Buttermilch-Pudding Ⓕ Ⓢ Ⓥ

Zubereitung: 20 Minuten
Für 2–3 Portionen

Zutaten:
250 g Buttermilch
2 EL Birkenzucker (Xylit)
3 EL Chiasamen
350 g Erdbeeren
½ TL Zimt
4 Minzblätter

	100 g	Portion (3)
KH	5,5	12,1
Fett	1,9	4,3
EW	2,6	5,8
Kcal	65	143
Kjoule	271	596

So wird's gemacht:

Die Buttermilch in einer Schüssel mit 1 EL Birkenzucker und den Chiasamen vermischen und über Nacht im Kühlschrank quellen lassen.

Die Erdbeeren waschen und trocken tupfen. 2–3 Erdbeeren beiseitelegen, den Rest klein schneiden. Erdbeerstücke mit dem restlichen Birkenzucker in eine Schüssel geben und mit dem Stabmixer pürieren. Mit Zimt verfeinern.

Die Minzblätter waschen und trocken schütteln.

Den Buttermilch-Chia-Pudding in die Serviergläser aufteilen und das Erdbeerpüree als Topping daraufgeben. Mit jeweils 1 Erdbeere und Minzblättchen garnieren und servieren.

Rustikale Brötchen Ⓕ Ⓐ Ⓢ Ⓥ

Zubereitung: 70 Minuten
Für 2 Portionen

Zutaten:
4 Eier (Größe M)
250 g Quark (40 %)
100 g Leinsamenmehl
30 g Flohsamenschalen
50 g Kartoffelfasern
1 TL Natron
30 g Sonnenblumenkerne
30 g Sesam
½ TL gemahlener Koriander
Salz

	100 g	Portion
KH	3,1	11,3
Fett	12,5	45,3
EW	14,6	53
Kcal	204	740
Kjoule	854	3093

So wird's gemacht:

Den Backofen auf 180 °C Umluft oder 200 °C Ober-/Unterhitze vorheizen.

Die Eier in einer Schüssel mit dem Quark, den trockenen Zutaten und dem Koriander zu einer gleichmäßigen Masse verquirlen. Die Teigmasse je nach Geschmack mit Salz würzen und mindestens 10 Minuten ruhen lassen.

Ein Backbleck mit einem Bogen Backpapier auslegen. Aus dem Teig 4 mittelgroße Brötchen formen und auf das Backblech legen. Die Brötchen im Ofen ca. 50 Minuten backen und anschließend abkühlen lassen.

Overnight Quark-Haferkleie-Frühstück mit Beeren (F)(S)(V)

Zubereitung: 10 Minuten
Für 2 Portionen

Zutaten:
200 g Heidelbeeren
1–2 EL Birkenzucker (Xylit) oder nach Geschmack
20 g Chiasamen
250 g Quark
150 g griechischer Joghurt
40 g Haferkleie
10 g geschrotete Leinsamen

So wird's gemacht:

Die Heidelbeeren waschen, trocken tupfen und in einer Schüssel mit dem Stabmixer pürieren.

Den Birkenzucker nach Geschmack und die Chiasamen einrühren.

In einer zweiten Schüssel den Quark mit dem Joghurt, der Haferkleie und den Leinsamen verrühren.

Das Quark-Joghurt-Gemisch in 2 Gläser geben und anschließend das Heidelbeer-Chia-Püree darüber verteilen. Über Nacht in den Kühlschrank stellen, quellen lassen und zum Frühstück genießen.

	100 g	Portion
KH	8,1	27,8
Fett	7,6	26,2
EW	5,8	20
Kcal	138,3	477
Kjoule	578	1994

Süßer Eierkuchen (F)(S)(V)

Zubereitung: 30 Minuten
Für 2 Portionen

Zutaten:
1 Zucchini
1 Apfel
4 Eier (Größe M)
200 g Sahne
50 g Birkenzucker (Xylit)
1 TL Zimt
etwas Fett für die Form

So wird's gemacht:

Den Backofen auf 180 °C Umluft bzw. 200 °C Ober-/Unterhitze vorheizen.

Die Zucchini und den Apfel waschen. Die Zucchini putzen, der Länge nach halbieren, vierteln und klein schneiden. Den Apfel halbieren, entkernen und Fruchtfleisch in kleine Stücke schneiden.

Die Eier in einer Schüssel aufschlagen. Die Sahne, den Birkenzucker und den Zimt dazugeben und verrühren. Die Zucchini- und Apfelstückchen untermischen und den Teig anschließend in eine gefettete Auflaufform füllen. Im Ofen 20 Minuten backen, danach warm servieren.

	100 g	Portion
KH	5,1	23
Fett	9,2	41,4
EW	4,1	18,4
Kcal	134	603
Kjoule	558	2501

Zimt-Granola mit griechischem Joghurt (F)(S)(V)

Zubereitung: 30 Minuten
Für 2 Portionen

Zutaten:

1 Eiweiß
½ TL Zimt
1 TL Birkenzucker (Xylit)
20 g gehackte oder gestiftete Mandeln
10 g Haferkleie
30 g Sonnenblumenkerne
300 g Joghurt

So wird's gemacht:

Den Backofen auf 150 °C Umluft oder 170 °C Ober-/Unterhitze vorheizen.

Das Eiweiß in einer Schüssel steif schlagen. Den Zimt, den Birkenzucker, die Mandeln, die Haferkleie und die Sonnenblumenkerne hinzugeben und alles vermischen.

Die angerührte Masse gleichmäßig auf einem mit Backpapier ausgelegten Backblech verteilen und 25 Minuten im Ofen backen.

Den Joghurt in Schalen füllen und mit der Zimt-Granola anrichten.

	100 g	Portion
KH	6,4	13
Fett	9,4	19
EW	8,2	16,6
Kcal	149	301
Kjoule	624	1256

Power-Frühstückspfanne Ⓕ Ⓐ

Zubereitung: 15 Minuten
Für 2 Portionen

Zutaten:
1 Zwiebel
50 g Geflügelwürstchen
100 g Cherrytomaten
1 rote Paprikaschote
1 EL Butterschmalz (Ghee)
2 Eier
Salz und Pfeffer
10 Basilikumblätter
60 g Mozzarella

	100 g	Portion (2)
KH	4,2	13,2
Fett	8,4	26,3
EW	6,8	21,3
Kcal	120	376
Kjoule	502	1571

So wird's gemacht:

Die Zwiebel schälen und würfeln. Geflügelwürstchen in Scheiben schneiden. Die Cherrytomaten und die Paprika waschen, die Tomaten halbieren und die Paprika in dünne Scheiben schneiden.

Butterschmalz in einer Pfanne erhitzen, die Zwiebeln und Würstchen hineingeben und ca. 2 Minuten unter Wenden kräftig anbraten. Anschließend die Tomaten und Paprikascheiben dazugeben und mit andünsten.

Die Eier aufschlagen und behutsam in die Pfannen gleiten lassen. Die Eier so lange braten, bis die Eidotter gestockt, aber noch cremig sind. Die Eier und die anderen Zutaten mit Salz und Pfeffer nach Geschmack würzen.

Basilikum waschen, trocken schütteln und grob hacken. Mozzarella in kleine Würfel schneiden und jeweils zu den Frühstückspfannen hinzugeben. Zum Servieren mit dem Basilikum garnieren.

Gemüse-Feta-Quark (F)(S)(V)

Zubereitung: 15 Minuten
Für 2 Portionen

Zutaten:
250 g Quark (40 %)
1 Schalotte
60 g Cherrytomaten
1 Paprikaschote
100 g Salatgurke
1/4 Avocado
50 g Feta
20 g Oliven
2 Stängel Kerbel
1 EL Olivenöl
Salz und Pfeffer

So wird's gemacht:

Den Quark in 2 Glasschüsseln verteilen. Die Schalotte schälen und fein hacken.

Das Gemüse gut waschen, trocken tupfen und wie folgt zerkleinern: Die Cherrytomaten halbieren, die Paprika in kleine dünne Streifen schneiden, die Gurke der Länge nach halbieren, dann vierteln und anschließend würfeln.

Das Fruchtfleisch von der Viertel Avocado in Würfel schneiden.

Das geschnittene Gemüse auf dem Quark verteilen. Den Feta würfeln und mit den Oliven über das Gemüse streuen.

Den Kerbel waschen, trocken schütteln, klein hacken und den Gemüse-Quark damit garnieren. Mit dem Olivenöl beträufeln und mit Salz und Pfeffer würzen

	100 g	Portion
KH	3,8	13,9
Fett	7,7	28,2
EW	4,8	17,6
Kcal	105	383
Kjoule	439	1603

Frischkäse-Eier-Plätzchen Ⓕ Ⓢ Ⓥ

Zubereitung: 20 Minuten
Für 1 Portion

Zutaten:
2 Eier (Größe M)
50 g Frischkäse (Doppelrahmstufe)
1 TL Birkenzucker (Xylit)
1 EL Butterschmalz (Ghee)
Beeren nach Wahl (optional)
Zimt (optional)

So wird's gemacht:

Die Eier, den Frischkäse und den Birkenzucker in einer Schüssel zu einem Teig verrühren. In einer Pfanne etwas Butterschmalz schmelzen und mit einem Löffel aus dem Teig kleine Fladen in die Pfanne setzen und kleine Plätzchen ausbacken. Die Plätzchen nach Belieben mit frischen Beeren oder mit etwas Zimt verfeinern und servieren.
Als Alternative können die Frischkäse-Eier-Plätzchen auch herzhaft angerichtet werden.

	100 g	Plätzchen
KH	1,8	3,1
Fett	15,5	26,6
EW	11,3	19,4
Kcal	198	339
Kjoule	829	1418

Zucchini-Röllchen mit Frischkäse und Lachs Ⓕ Ⓢ

Zubereitung: 20 Minuten
Für 2 Portionen

Zutaten:

2 kleine Zucchini (300 g)
1 EL Butterschmalz (Ghee)
100 g Frischkäse (Doppelrahmstufe)
Zitronensaft nach Geschmack
Salz und Pfeffer
100 g geräucherter Lachs

So wird's gemacht:

Die Zucchini putzen, waschen, längs in dünne Streifen schneiden und in einer Pfanne mit Butterschmalz kurz andünsten, bis sie weich sind.

Den Frischkäse in einer Schüssel mit dem Zitronensaft glatt rühren und mit Salz und Pfeffer würzen. Die Zucchinistreifen mit dem Frischkäsegemisch bestreichen, mit dem Lachs belegen und aufrollen. Bei Bedarf mit einem Zahnstocher fixieren.

	100 g	Portion
KH	1,9	4,6
Fett	8,4	20,9
EW	7,3	18,2
Kcal	111	279
Kjoule	466	1166

Ricottawrap (F)(A)(S)(V)

Zubereitung: 20 Minuten
Für 2 Portionen

Zutaten:
3 Eier (Größe M)
100 g Ricotta
Salz und Pfeffer
Kräuter nach Geschmack
1 rote Paprika
1 kleine Avocado
1 Handvoll Rucola

	100 g	Portion
KH	3,7	11,4
Fett	7,9	24,3
EW	5,5	16,8
Kcal	111	340
Kjoule	463	1422

So wird's gemacht:

Den Backofen auf 160 °C Umluft bzw. auf 180 °C Ober-/Unterhitze vorheizen.

Die Eier in einer Schüssel mit dem Ricotta, Salz, Pfeffer und Kräutern verquirlen. Den Teig auf ein mit Backpapier belegtes Blech geben, glatt streichen und ca. 10 Minuten im Ofen backen.

Den gebackenen Teig anschließend in 2 Hälften schneiden.

Die Paprika waschen, putzen und in Streifen schneiden.

Die Avocado halbieren, den Kern entfernen und das Fruchtfleisch in Spalten schneiden. Die Schale kann nun leicht vom Fruchtfleisch abgezogen werden.

Den Rucola waschen, trocken schütteln und mit den Paprikastreifen und Avocadospalten gleichmäßig auf den Teighälften verteilen. Wraps rollen und genießen.

Guten-Morgen-Salat (F) (S) (V)

Zubereitung: 15 Minuten
Für 2 Portionen

Zutaten:

2 Eier (Größe M)
100 g Kirschtomaten
½ Salatgurke (200 g)
100 g Rucola
100 g schwarze Oliven, ohne Stein
3 EL Olivenöl
Salz und Pfeffer

So wird's gemacht:

Die Eier kochen, schälen und vierteln. Die Kirschtomaten waschen und halbieren. Die Salatgurke schälen und in Scheiben schneiden. Den Rucola waschen und trocken schütteln.
Die Zutaten auf einem tiefen Teller gemischt anrichten und die schwarzen Oliven hinzugeben. Mit dem Olivenöl beträufeln und mit Salz und Pfeffer würzen.

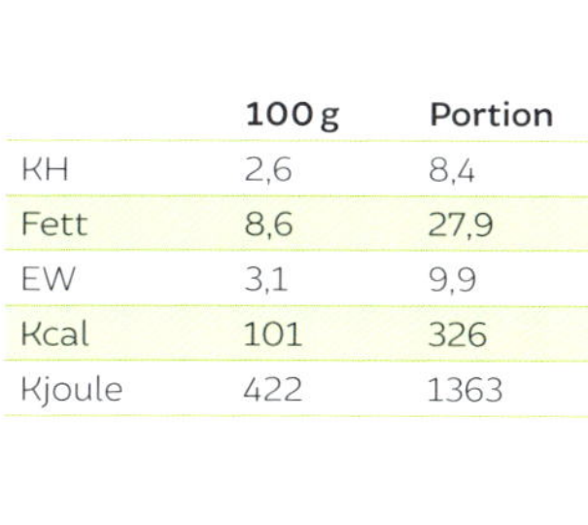

	100 g	Portion
KH	2,6	8,4
Fett	8,6	27,9
EW	3,1	9,9
Kcal	101	326
Kjoule	422	1363

Avocado-Apfel-Frühstück (F)(S)(V)

Zubereitung: 15 Minuten
Für 2 Portionen

Zutaten:
1 Avocado
1 Kugel Mozzarella
½ Apfel
Saft ½ Zitrone
1 TL Birkenzucker (Xylit)
Chilipulver nach Geschmack

So wird's gemacht:

Die Avocado halbieren, den Kern entfernen, die Frucht in Spalten schneiden und die Schale abziehen.
Die Mozzarellakugel in Scheiben schneiden. Den Apfel waschen, Kerngehäuse entfernen und Fruchtfleisch in dünne Scheiben schneiden. Apfelscheiben mit den Avocadospalten und den Mozzarellascheiben auf einem Teller anrichten.
Den Zitronensaft in einer kleinen Schüssel mit dem Birkenzucker vermischen und die Sauce über die angerichteten Zutaten träufeln. Mit Chilipulver nach Geschmack bestreuen.
Tipp: alle Zutaten zusammen genießen für das besondere Geschmackserlebnis.

	100 g	Portion
KH	5,9	12,3
Fett	9,8	20,7
EW	9	18,8
Kcal	156	328
Kjoule	653	1372

Blumenkohl-Frühstücksrösti

Zubereitung: 25 Minuten
Für 2 Portionen

Zutaten:
250 g Blumenkohl
2 Eier (Größe M)
Paprikapulver, rosenscharf, nach Geschmack
Salz und Pfeffer
50 g geriebener Gouda
1 EL Butterschmalz (Ghee)

So wird's gemacht:

Den Blumenkohl putzen, waschen, in einem Topf mit kochendem Salzwasser bissfest garen und dann in einem Sieb abtropfen lassen. Den gegarten Blumenkohl sehr klein schneiden oder stampfen.

Die Eier in einer Schüssel mit den Gewürzen, dem Gouda und dem Blumenkohl verquirlen.

Etwas Butterschmalz in einer Pfanne erhitzen und aus dem Blumenkohlteig kleine Röstis backen.

	100 g	Portion
l	2,7	5,7
tt	4,2	8,8
V	7	14,8
al	100	210
ule	419	881

Frühstücks-Gemüseschmarrn

Zubereitung: 20 Minuten
Für 2 Portionen

Zutaten:
3 Eier (Größe M)
50 g Frischkäse (Doppelrahmstufe)
Salz und Pfeffer
Kräuter nach Geschmack
Paprikapulver, rosenscharf, nach Geschmack
1 EL Mandelmehl
150 g Champignons
1 EL Butterschmalz (Ghee)
100 g Kirschtomaten
1 Frühlingszwiebel
100 g Salatgurke

	100 g	Portion
KH	2,6	8,2
Fett	7,1	22,1
EW	6	18,6
Kcal	99	308
Kjoule	412	1284

So wird's gemacht:

Die Eier in einer Schüssel mit dem Frischkäse, den Gewürzen, Kräutern und dem Mandelmehl verquirlen.
Die Champignons putzen, in Scheiben schneiden und in einer Pfanne mit Butterschmalz goldbraun anbraten. Das restliche Gemüse waschen bzw. schälen, putzen, klein schneiden und in der Pfanne mitbraten. Mit Salz und Pfeffer würzen.
Die Eimasse in die Pfanne geben, stocken lassen und zwischendurch wenden. Wenn das Ei vollständig gestockt ist, den Frühstücks-Gemüseschmarrn servieren.

Thunfisch-Feta-Küchlein (F)(A)(S)

Zubereitung: 20 Minuten
Für 4 Portionen

Zutaten:
1 Dose Thunfisch
100 g Feta
20 g Leinsamenmehl
4 Eier (Größe M)
Pfeffer
1 EL Butterschmalz (Ghee)

So wird's gemacht:

Den Thunfisch in einem Sieb abtropfen lassen, in eine Schüssel geben und mit einer Gabel fein zerpflücken. Den Feta möglichst klein würfeln und mit dem Leinsamenmehl und den Eiern in die Schüssel geben. Alles zu einer homogenen Masse vermischen. Nach Geschmack mit dem Pfeffer würzen.

Etwas Butterschmalz in einer Pfanne erhitzen und mit einem Löffel Häufchen von der Thunfisch-Feta-Masse in die Pfanne geben, mit dem Löffelrücken zu Puffern glatt streichen und ausbacken. Dabei einmal wenden. Vorgang so lange wiederholen, bis der Teig aufgebraucht ist.

	100 g	Portion
H	0,8	1,1
ett	13,1	17,2
W	16,8	21,9
cal	192	251
oule	801	1046

Möhren-Eier-Frühstück (F)(S)(V)

Zubereitung: 15 Minuten
Für 2 Portionen

Zutaten:
1 Möhre
1 Petersilienwurzel
150 g griechischer Joghurt
1 TL Senf
20 g Lauch
Salz und Pfeffer
1 Ei (Größe M)

So wird's gemacht:

Die Möhre und die Petersilienwurzel schälen und klein raspeln.

In einer Schüssel das geraspelte Gemüse mit dem griechischen Joghurt und dem Senf vermischen. Den Lauch putzen, gut waschen und in feine Ringe schneiden. Zu dem Joghurtgemüse geben und untermischen. Mit Salz und Pfeffer nach Geschmack würzen.

Das Ei hart kochen, schälen, vierteln und auf dem Salat anrichten.

	100 g	Portion
KH	4,9	11
Fett	4,8	10,7
EW	3,9	8,6
Kcal	81	182
Kjoule	340	763

Zucchinibrot (F)(A)(S)(V)

Zubereitung: 70 Minuten
Für 1 Brot mit ca. 15 Scheiben

Zutaten:
1 Zucchini
5 Eier (Größe M)
100 g Sonnenblumenkerne
300 g gemahlene Mandeln
30 g Chiasamenmehl
1 TL Natron
2 EL Zitronensaft

So wird's gemacht:

Den Backofen auf 180 °C Umluft bzw. 200 °C Ober-/Unterhitze vorheizen.

Die Zucchini putzen, schälen, klein raspeln und in eine Schüssel geben. Die Eier und die trockenen Zutaten dazugeben und alles zu einem Teig verkneten. Den Zitronensaft untermischen.

Eine Kastenform mit Backpapier auskleiden, den Brotteig hineinfüllen und ca. 60 Minuten im Ofen backen.

	100 g	Scheibe
KH	3,6	2,3
Fett	25,1	16,6
EW	14,5	9,6
Kcal	309	204
Kjoule	1291	852

Leinsamen-Käse-Cracker Ⓕ Ⓢ

Zubereitung: 25 Minuten
Für 2–3 Portionen

Zutaten:

50 g geschrotete Leinsamen
20 g Leinsamenmehl
1 TL getrocknetes Basilikum
20 g geriebener Parmesan
1 TL Tomatenmark
Salz und Pfeffer
ca. 50 ml Wasser
50 g Kräuterquark

So wird's gemacht:

Den Backofen auf 180 °C Umluft bzw. 200 °C Ober-/Unterhitze vorheizen.

Die trockenen Zutaten in eine Schüssel geben und mit dem Parmesan und dem Tomatenmark vermischen. Mit Salz und Pfeffer nach Geschmack würzen. Nach und nach das Wasser hinzugeben und alles zu einem Teig verkneten. So viel Wasser verwenden, dass ein Teig entsteht, der nicht klebt.

Backpapier auf ein Backblech legen und kleine Teigportionen darauf verteilen. Mit einem zweiten Backpapier bedecken und die Teiglinge zu möglichst dünnen Crackern platt drücken. Im Ofen ca. 15 Minuten backen.

Den Kräuterquark als Dip zu den Crackern servieren.

	100 g	Portion (2)
KH	6,5	5,4
Fett	19,6	16,1
EW	18,5	15,2
kcal	299	247
kjoule	1251	1032

Hackbraten-Muffins (F)(A)(S)

Zubereitung: 25 Minuten
Für 2 Portionen

Zutaten:

1 EL frische Petersilie
160 g Rinderhackfleisch
1 TL Senf
Salz und Pfeffer
etwas Fett für die Form
2 Eier
20 g geriebener Gouda

So wird's gemacht:

Den Backofen auf 180 °C Umluft bzw. 200 °C Ober-/Unterhitze vorheizen.
Petersilie waschen, trocken schütteln und hacken.
Das Rinderhackfleisch in einer Schüssel mit dem Senf, Salz, Pfeffer und der Petersilie vermischen. Masse in 4 gefettete Muffinförmchen aufteilen und etwas hineindrücken.
Die Eier kochen, pellen und halbieren. Jeweils ein halbes Ei oben auf die Hackbraten-Muffins legen und mit dem Käse bestreuen.
Die Muffins im Ofen 15 Minuten backen und ofenwarm servieren.

	100 g	Portion
KH	1,1	1,7
Fett	11,4	18
EW	16,6	26,3
Kcal	187	295
Kjoule	781	1235

Flammkuchen-Toast (F)(A)(S)

Zubereitung: 25 Minuten
Für 2 Portionen

Zutaten:

2 Scheiben Low-Carb-Brot nach Wahl (z. B. Zucchinibrot, Rezept auf S. 66)
5 g Lauch
20 g roher Schinken
40 g Schmand
Salz und Pfeffer
10 g geriebener Käse

So wird's gemacht:

Den Backofen auf 180 °C Umluft bzw. 200 °C Ober-/Unterhitze vorheizen.

Die Brote toasten. Den Lauch putzen, gut waschen und in feine Streifen schneiden. Den rohen Schinken in kleine Stücke schneiden.

Den Schmand in einer Schüssel mit Salz und Pfeffer glatt rühren und auf den Brotscheiben verteilen.

Die Schinkenstückchen, die Lauchstreifen und den Käse gleichmäßig darüber verteilen. Die Brote im Ofen ca. 10–15 Minuten überbacken.

	100 g	Portion
KH	3,2	1,2
Fett	15,1	5,7
EW	9,6	3,6
Kcal	209	78
Kjoule	873	328

Omelett-Muffin (F)(S)

Zubereitung: 25 Minuten
Für 2 Portionen

Zutaten:

2 große Scheiben gekochter Schinken
1 Scheibe Low-Carb-Brot nach Wahl (z.B. S. 45)
40 g Salatgurke
2 Eier (Größe M)
Salz und Pfeffer

So wird's gemacht:

Den Backofen auf 180 °C Umluft bzw. 200 °C Ober-/Unterhitze vorheizen.

Die Schinkenscheiben in zwei große Muffinförmchen oder vergleichbare feuerfeste Formen geben, sodass die Formen mit dem Schinken ausgekleidet sind. Das Brot zerstückeln und die Muffinböden damit bedecken.

Die Salatgurke putzen, waschen und in Scheiben schneiden. Die Gurkenscheiben auf die Brotstücke legen und jeweils 1 Ei darüber aufschlagen.

Die Muffins im Ofen ca. 10 Minuten backen, bis das Ei gestockt ist. Nach Geschmack mit Salz und Pfeffer würzen und lauwarm servieren.

	100 g	Portion
KH	1,7	2
Fett	5,6	6,6
EW	12,7	15
Kcal	108	127
Kjoule	450	531

Mozzarella-Toast (F)(A)(S)(V)

Zubereitung: 20 Minuten
Für 2 Portionen

Zutaten:
2 Scheiben Low-Carb-Brot nach Wahl (z.B. S. 45)
1 TL Tomatenmark
1 Kugel Mozzarella
1 Handvoll Rucola
Salz und Pfeffer

	100 g	Portion
KH	3,6	2,8
Fett	13,8	10,7
EW	23,2	18
Kcal	235	182
Kjoule	980	760

So wird's gemacht:

Den Backofen auf 180 °C Umluft bzw. 200 °C Ober-/Unterhitze vorheizen.

Die Brotscheiben mit dem Tomatenmark bestreichen und ca. 10 Minuten im Ofen rösten.

Den Mozzarella abtropfen lassen und in Scheiben schneiden. Den Rucola waschen und trocken schütteln. Die Brote mit den Mozzarellascheiben und dem Rucola belegen und im Ofen überbacken, bis der Mozzarella geschmolzen ist.

Nach dem Backen mit Salz und Pfeffer würzen. Alternativ kann der Mozzarella-Toast auch mit kaltem Mozzarella genossen werden.

Garnelen-Schiffchen (F)(A)(S)

Zubereitung: 25 Minuten
Für 2 Portionen

Zutaten:
1 rote Paprika
40 g Salatgurke
etwas Rucola
80 g Frischkäse (Doppelrahmstufe)
1 TL Kräuter (z. B. 8-Kräuter-Mischung)
Salz und Pfeffer
4 Garnelen, gegart

So wird's gemacht:

Den Backofen auf 180 °C Umluft bzw. 200 °C Ober-/Unterhitze vorheizen.
Die Paprika waschen, längs halbieren und entkernen. Die Salatgurke gut waschen und in kleine Stücke würfeln. Den Rucola waschen, trocken schütteln und klein schneiden.
Den Frischkäse in einer Schüssel mit den Kräutern, den Gurkenstückchen und dem Rucola vermischen. Nach Geschmack mit Salz und Pfeffer würzen.
Das Frischkäse-Gurken-Gemisch in die Paprikahälften füllen, die Garnelen darauflegen und Paprikahälften ca. 15 Minuten im Ofen backen.

	100 g	Portion
KH	4,1	6,7
Fett	7,8	12,9
EW	5,6	9,2
Kcal	111	184
Kjoule	466	769

Tomaten-Ricotta-Puffer Ⓕ Ⓢ Ⓥ

Zubereitung: 25 Minuten
Für 2 Portionen

Zutaten:
100 g Kirschtomaten
80 g Sellerie
1 EL frische Petersilie
20 g Haferkleie
100 g Ricotta
2 Eier (Größe M)
Pfeffer und Salz
etwas Butterschmalz (Ghee)

So wird's gemacht:

Die Tomaten waschen und in Scheiben schneiden. Den Sellerie putzen, waschen und raspeln. Petersilie waschen, trocken schütteln und hacken.

Die Haferkleie mit dem Ricotta, den Eiern, der Petersilie und den Sellerieraspeln in einer Schüssel gut verrühren. Mit Salz und Pfeffer nach Geschmack würzen.

Aus der Haferkleie-Ricotta-Masse 6 kleine Puffer formen und jeweils Tomatenscheiben hineindrücken.

Butterschmalz in einer Pfanne erhitzen und die Puffer darin auf beiden Seiten goldbraun backen. Beim Wenden aufpassen, dass sie nicht zerfallen.

Die Puffer auf einem Teller anrichten, dabei sollte die Tomatenseite oben liegen.

	100 g	Portion
KH	6	12,7
Fett	5,8	12,3
EW	6,3	13,4
Kcal	101	216
Kjoule	423	901

Avocado-Blaubeer-Quark Ⓕ Ⓢ Ⓥ

Zubereitung: 15 Minuten
Für 2 Portionen

Zutaten:
½ Avocado
Saft einer ½ Zitrone
250 g Quark (40 %)
35 g Birkenzucker (Xylit)
10 g Haferkleie
20 g Sonnenblumenkerne
50 g Blaubeeren

So wird's gemacht:

Die halbe Avocado entkernen, Fruchtfleisch aus der Schale heben und in kleine Stücke schneiden. Mit etwas Zitronensaft beträufeln, damit es schön grün bleibt.

Den Quark in einer Schüssel mit dem restlichen Zitronensaft und dem Birkenzucker verrühren.

Die Haferkleie mit den Sonnenblumenkernen vermischen.

Den Quark mit dem Haferkleie-Sonnenblumen-Gemisch in 2 Gläser schichten und mit den Avocadostückchen belegen.

Die Blaubeeren waschen, trocken tupfen und auf die Avocadostücke geben.

	100 g	Portion
KH	5	12
Fett	9,7	22,9
EW	6,6	15,6
Kcal	154	366
Kjoule	644	1531

Zucchinirösti (F)(S)(V)

Zubereitung: 35 Minuten
Für 2–3 Portionen

Zutaten:
2 Zucchini
Salz
1 Zwiebel
2 Knoblauchzehen
2 Eier (Größe M)
Pfeffer
etwas Butterschmalz (Ghee)

	100 g	Portion (2)
KH	2,7	8,8
Fett	2	6,3
EW	3,4	11
Kcal	43	138
Kjoule	179	576

So wird's gemacht:

Die Zucchini putzen, waschen, in eine Schüssel raspeln und großzügig mit Salz würzen. Die Zucchiniraspel 10 Minuten ruhen lassen. Durch das Salz setzt sich vermehrt Flüssigkeit ab. Die Zucchinistückchen anschließend mit beiden Händen gut ausdrücken und das Gemüsewasser abgießen.

Die Zwiebel und die Knoblauchzehen schälen, hacken und mit den Zucchiniraspeln vermischen.

Die Eier hinzugeben und alle Zutaten sorgfältig vermischen. Mit Pfeffer nach Geschmack würzen. Aus dem Teig mit der Hand kleine flache Puffer formen.

Butterschmalz in einer Pfanne erhitzen und die Puffer darin von beiden Seiten goldbraun backen. Noch warm servieren.

Rezepte:
Mittagessen

Mediterraner Wildlachs-Sahnecreme-Auflauf (M)(A)

Zubereitung: 40 Minuten
Für 2–3 Portionen

Zutaten:

2 Wildlachsfilets
etwas Butterschmalz (Ghee)
250 g Brokkoli
250 g Rosenkohl
5 Kirschtomaten
200 g Crème fraîche
50 g Sahne
Saft ½ Zitrone
Salz und Pfeffer
1 EL frischer Rosmarin
1 EL frischer Thymian
1 EL frischer Oregano
1 EL Olivenöl
1 Zitronenscheibe

So wird's gemacht:

Den Backofen auf 180 °C Umluft bzw. 200 °C Ober-/Unterhitze vorheizen.
Die Wildlachsfilets in einer Pfanne mit Butterschmalz von beiden Seiten goldbraun braten und anschließend beiseitestellen.
Den Brokkoli putzen, waschen und in kleine Röschen teilen.
Den Rosenkohl und die Kirschtomaten ebenfalls putzen und waschen.
Die Crème fraîche in einer Schüssel mit der Sahne, dem Zitronensaft, Salz und Pfeffer cremig verrühren.
Die Crème-fraîche-Sauce in eine runde Auflaufform gießen, dann das Gemüse darin verteilen und anschließend die Wildlachsfilets darauf setzen.
Die frischen Kräuter waschen, trocken schütteln, hacken und über dem Auflauf verteilen. Das Olivenöl darüberträufeln.
Den Auflauf im Ofen ca. 20 Minuten backen, mit der Zitronenscheibe garnieren und servieren.

(Foto siehe Seite 76/77)

	100 g	Portion (3)
KH	3,6	15
Fett	9,9	41,7
EW	8,5	35,9
Kcal	138	578
Kjoule	572	2404

Bunte Gemüsepfanne M A V

Zubereitung: 25 Minuten
Für 2–4 Portionen

Zutaten:

1 Zwiebel
1 Aubergine
200 g Möhren
1 Apfel
250 ml Gemüsebrühe
1 EL Tomatenmark
5 EL Balsamico
1 EL Birkenzucker (Xylit)
1 EL Paprikapulver, edelsüß
Kurkuma nach Geschmack
1 Frühlingszwiebel
20 g gestiftete Mandeln

So wird's gemacht:

Die Zwiebel schälen und klein hacken. Die Aubergine waschen, putzen, zunächst der Länge nach zerteilen und dann in kleine Würfel schneiden. Die Möhren schälen, putzen und in Scheiben schneiden. Den Apfel gut waschen, das Kerngehäuse entfernen und das Fruchtfleisch würfeln. Gemüse und Apfel in einer Pfanne kurz andünsten, dann mit der Gemüsebrühe ablöschen und köcheln lassen, bis das Gemüse weich ist.

Das Tomatenmark, den Balsamico und den Birkenzucker einrühren. Die Gemüsepfanne mit den Gewürzen abschmecken und kurz köcheln lassen.

Die Frühlingszwiebel putzen, waschen und in feine Ringe schneiden. Gemüsepfanne vor dem Servieren mit Frühlingszwiebelringen und Mandelstiften bestreuen.

	100 g	Portion (4)
KH	6,7	19,2
Fett	1,6	4,7
FW	1,3	3,8
Kcal	51	147
Kjoule	214	611

Gebackene Zudeln mit Ei (M)(A)

Zubereitung: 25 Minuten
Für 2 Portionen

Zutaten:
1 Zucchini
1 Paprikaschote (orange, rot oder gelb)
1 TL getrockneter Oregano
Salz und Pfeffer
½ TL Paprikapulver, rosenscharf
50 g Schweinebauch
2 Eier (Größe M)

	100 g	Portion
KH	3,7	9,9
Fett	4,7	12,6
EW	4,8	13,1
Kcal	78	211
Kjoule	327	883

So wird's gemacht:

Den Backofen auf 160 °C Umluft oder 180 °C Ober-/Unterhitze vorheizen.

Die Zucchini putzen, waschen und mit einem Spiralschneider in lange Streifen (Zudeln) schneiden. Die Paprikaschote waschen, putzen und in Streifen schneiden.

Das Gemüse in einer Schüssel vermischen und mit Oregano, Salz, Pfeffer und Paprikapulver würzen. Ohne Fett in eine Auflaufform geben. Dann ca. 10 Minuten im Ofen backen, bis das Gemüse weich ist.

Den Schweinebauch in feine Streifen schneiden und in einer Pfanne (ohne Öl) knusprig braten.

Die Eier über dem Gemüse aufschlagen und den Auflauf nochmals in den Ofen schieben, bis die Eier die gewünschte Garstufe erreicht haben.

Die gebackenen Zudeln mit den gebratenen Schweinebauchstreifen bestreuen und servieren.

Gefüllte Champignons Ⓜ Ⓐ Ⓥ

Zubereitung: 25 Minuten
Für 2 Portionen

Zutaten:
350 g Champignons (möglichst groß)
1 Knoblauchzehe
etwas Butterschmalz (Ghee)
300 g Frischkäse (Doppelrahmstufe)
1 TL Paprikapulver, edelsüß
½ TL Chiliflocken
Pfeffer
1 Handvoll frische Petersilie

	100 g	Portion
KH	1,6	5,3
Fett	15,8	52,8
EW	6,5	21,6
Kcal	176	585
Kjoule	734	2445

So wird's gemacht:

Den Backofen auf 160 °C Umluft bzw. 180 °C Ober-/Unterhitze vorheizen.

Die Champignons putzen und die Stiele herausbrechen. Die Stiele fein hacken. Den Knoblauch schälen und ebenfalls fein hacken.

Butterschmalz in einer Pfanne erhitzen und die gehackten Champignonstiele darin anbraten. Den Knoblauch hinzufügen und kurz mitbraten.

Die Mischung mit dem Frischkäse in eine Schüssel geben, vermischen und mit dem Paprikapulver, den Chiliflocken und Pfeffer würzen. Die Petersilie waschen, trocken schütteln, hacken und ebenso zum Frischkäse geben.

Alles gut verrühren und die Masse in die Champignonköpfe füllen.

Die gefüllten Champignons in eine Auflaufform stellen und 15 Minuten im Ofen auf mittlerer Schiene backen.

Hackbällchen-Schlemmer-Pfanne

Zubereitung: 35 Minuten
Für 4 Portionen

Zutaten:
1 kleine Zwiebel
500 g Rinderhackfleisch
1 Ei (Größe M)
1 TL Senf
gemahlener Kreuzkümmel nach Geschmack
Salz und Pfeffer
etwas Butterschmalz (Ghee)
3 Paprikaschoten (grün, gelb, rot)
200 g Sahne
50 g Frischkäse (Doppelrahmstufe)
3 Stängel frischer Estragon
1 Stängel frischer Thymian
1 TL Paprikapulver, edelsüß
Chiliflocken nach Geschmack

So wird's gemacht:

Die Zwiebel abziehen und in feine Würfel schneiden. Die Zwiebelwürfel, das Rinderhackfleisch, das Ei und den Senf in einer Schüssel gut vermischen und mit Kreuzkümmel, Salz und Pfeffer würzen.

Aus der Hackfleischmasse kleine Hackbällchen formen und diese in einer Pfanne mit Butterschmalz rundherum anbraten.

Die Paprikaschoten waschen, putzen und klein schneiden. Zu den Hackbällchen in die Pfanne geben und kurz mitbraten. Alles mit der Sahne ablöschen und den Frischkäse einrühren. Den Estragon und den Thymian waschen, trocken schütteln und die Blättchen abzupfen. Die Kräuter, das Paprikapulver, die Chiliflocken und Salz und Pfeffer in die Pfanne geben. Alles auf kleiner Flamme schmoren lassen, bis das Gemüse bissfest gegart ist.

	100 g	Portion
KH	3,2	11,3
Fett	11,5	40,7
EW	9,4	33,2
Kcal	158	559
Kjoule	659	2327

Champignon-Chili (M)(A)

Zubereitung: 35 Minuten
Für 4 Portionen

Zutaten:
500 g Champignons
etwas Butterschmalz (Ghee)
1 Zwiebel
500 g Rinderhackfleisch
1 TL Chiliflocken
200 ml Rinderbrühe
1 EL getrockneter Majoran
1 EL getrockneter Oregano
1 EL Paprikapulver, edelsüß
1 EL Paprikapulver, rosenscharf
500 g passierte Tomaten
2 Tomaten
Salz und Pfeffer

So wird's gemacht:

Die Champignons putzen, in Scheiben schneiden und in einer Pfanne mit etwas Butterschmalz rundherum kräftig anbraten.

Die Zwiebel abziehen, in Würfel schneiden, zu den Pilzen geben und mitbraten.

In einer weiteren Pfanne das Hackfleisch in etwas Butterschmalz scharf anbraten und mit den Chiliflocken würzen. Das Hackfleisch während des Bratens mit dem Pfannenwender zerteilen und krümelig braten.

Das Gehackte mit der Rinderbrühe ablöschen und die gebratenen Champignons mit den Zwiebeln hinzugeben. Die Gewürze einrühren und die passierten Tomaten dazugeben.

Die Tomaten waschen, in Stücke schneiden und zum Chili geben. Das Chili köcheln lassen, bis alles heiß ist, und mit Salz und Pfeffer abschmecken.

	100 g	Portion
KH	2,5	12,8
Fett	4,3	22
EW	6,6	33,9
Kcal	77	396
Kjoule	323	1655

Hähnchenroulade mit Gemüsefüllung (M)(A)

Zubereitung: 50 Minuten
Für 2 Portionen

Zutaten:

2 Möhren
1 rote Paprikaschote
3 Frühlingszwiebeln
100 g Frischkäse (Doppelrahmstufe)
1 EL Tomatenmark
1 TL mittelscharfer Senf
1 TL Paprikapulver, rosenscharf
½ TL gemahlener Koriander
Salz und Pfeffer
2 Hähnchenbrustfilets
etwas Fett für die Form

	100 g	Portion
KH	3,9	20
Fett	4	20,6
EW	10,7	55
Kcal	97	499
Kjoule	407	2088

So wird's gemacht:

Den Backofen auf 180 °C Umluft bzw. 200 °C Ober-/Unterhitze vorheizen.

Das Gemüse waschen, putzen, evtl. entkernen und in schmale Streifen schneiden. Die Frühlingszwiebeln in Ringe schneiden.

Aus dem Frischkäse, dem Tomatenmark, dem Senf, dem Paprikapulver, dem Koriander und Salz und Pfeffer in einer Schüssel eine Paste anrühren.

In die Hähnchenbrustfilets so gut es geht eine Tasche einschneiden. Die Innenseiten mit der angerührten Paste bestreichen. Die Taschen mit dem Gemüse füllen und Fleisch fest mit Küchengarn umwickeln.

Die restliche Paste außen auf den Hähnchenbrüsten verteilen und diese in eine gefettete Auflaufform legen. Das übrige Gemüse mit in die Auflaufform geben und alles 40 Minuten im Ofen garen.

Fleischklößcheneintopf (M) (A)

Zubereitung: 30 Minuten
Für 4 Portionen

Zutaten:

1 Spitzkohl
3 Zwiebeln
etwas Butterschmalz (Ghee)
1 EL Tomatenmark
2 EL Paprikapulver, edelsüß
geriebene Muskatnuss nach Geschmack
1 1/2 l Rinderbrühe
500 g Rinderhackfleisch
1 Ei (Größe M)
1 TL Senf
Chiliflocken nach Geschmack
1 TL getrockneter Majoran
gemahlener Kreuzkümmel nach Geschmack
Salz und Pfeffer

So wird's gemacht:

Den Spitzkohl putzen, waschen, in Stücke schneiden und in einem großen Topf ohne Öl anbraten, dabei öfter umrühren. Die Zwiebeln abziehen und würfeln. Den Kohl im Topf etwas beiseiteschieben und 2/3 der Zwiebelwürfel mit etwas Butterschmalz im Topf glasig dünsten.

Das Tomatenmark, das Paprikapulver und den Muskat hinzugeben und kurz anschwitzen. Den Kohl mit der Rinderbrühe aufgießen und die Suppe kurz köcheln lassen.

Die restlichen Zwiebelwürfel in einer Schüssel mit dem Rinderhackfleisch, dem Ei, dem Senf und den Gewürzen vermischen.

Aus der Hackfleischmasse kleine Hackbällchen formen und diese in einer Pfanne mit etwas Butterschmalz rundherum braten, bis sie gar sind. Anschließend die Fleischklößchen in die Spitzkohlsuppe geben und servieren.

	100 g	Portion
KH	1,7	14,4
Fett	3,2	27,3
EW	4,3	37,2
Kcal	56	479
Kjoule	233	1999

Selleriegulasch (M)(A)

Zubereitung: 45 Minuten
Für 4–6 Portionen

Zutaten:

1 Gemüsezwiebel
1 EL Butterschmalz (Ghee)
100 g Bauchspeck
1 Sellerie
3 Paprikaschoten (rot, grün und gelb)
2 EL Tomatenmark
500 ml Rinderbrühe
2 EL Balsamico
2 EL Paprikapulver, rosenscharf
2 EL getrockneter Majoran
1 TL Currypulver
1 EL Birkenzucker (Xylit)
Salz und Pfeffer
3 Krakauer oder Wurst nach Wahl

So wird's gemacht:

Die Zwiebel schälen, würfeln und in einem Topf mit dem Butterschmalz anbraten, bis sie Farbe annimmt.
Den Bauchspeck klein schneiden, in den Topf geben und kurz mit anbraten.
Den Sellerie schälen und in Würfel schneiden. Die Paprikaschoten waschen, entkernen und klein schneiden. Das Gemüse in den Topf geben und 5 Minuten schmoren lassen.
Das Gemüse etwas zur Seite schieben und das Tomatenmark im Topf anrösten. Alles mit der Rinderbrühe aufgießen.
Den Balsamico, das Paprikapulver, den Majoran, das Currypulver, den Birkenzucker, Salz und Pfeffer einrühren.
Die Krakauer in Scheiben schneiden und hinzugeben. Alles mit geschlossenem Deckel leicht köcheln lassen, bis das Gemüse gar ist.

	100 g	Portion (4)
KH	2,8	16,1
Fett	8,3	47,7
EW	3,1	17,7
Kcal	100	575
Kjoule	416	2400

Gurken-Hähnchen-Pfanne (M)(A)

Zubereitung: 45 Minuten
Für 4 Portionen

Zutaten:
500 g Hähnchenbrust
1 EL Butterschmalz (Ghee)
1 Salatgurke
250 g Sellerie
1 Bund Frühlingszwiebeln
3 Möhren
250 ml Gemüsebrühe oder Hühnerbrühe
1 EL Paprikapulver, edelsüß
1 TL Currypulver
1 TL getrockneter Estragon
1 TL getrockneter Salbei
Salz und Pfeffer

So wird's gemacht:

Hähnchenbrust klein schneiden, in einer Pfanne mit Butterschmalz rundherum goldbraun und gar braten, aus der Pfanne nehmen und warm stellen.
Salatgurke schälen, längs halbieren, mit einem kleinen Löffel die Kerne entfernen und das Fruchtfleisch klein schneiden. Den Sellerie und die Frühlingszwiebel ebenfalls putzen, waschen und klein schneiden. Die Möhren putzen, schälen und in Scheiben schneiden. Das Gemüse mit der Gemüsebrühe in die Pfanne geben und weich garen.
Das Paprikapulver mit den weiteren Gewürzen und Kräutern hinzugeben.
Die Hähnchenbrust dazugeben, kurz köcheln lassen und mit Salz und Pfeffer abschmecken.

	100 g	Portion (4)
KH	3,6	17,6
Fett	1,5	7,4
EW	6,6	32,6
Kcal	56	275
Kjoule	231	1148

Kastenbraten (M)(A)

Zubereitung: 60 Minuten
Für 4 Portionen

Zutaten:
350 g Sellerie
150 g Möhren
1 Gemüsezwiebel
500 g Rinderhackfleisch
4 Eier (Größe M)
2 EL mittelscharfer Senf
1 EL getrockneter Majoran
1 EL getrockneter Thymian
1 TL gemahlener Koriander
¼ TL Piment
½ TL geriebene Muskatnuss
½ TL gemahlener Kreuzkümmel
Salz und Pfeffer
Ghee für die Form

So wird's gemacht:

Den Backofen auf 180 °C Umluft bzw. 200 °C Ober-/Unterhitze vorheizen.
Den Sellerie und die Möhren putzen, schälen und raspeln.
Die Gemüsezwiebel abziehen und in feine Würfel schneiden.
Alle Zutaten in einer großen Schüssel gut miteinander vermischen und in eine gefettete Kastenform füllen.
Den Kastenbraten im Ofen ca. 45 Minuten backen.

	100 g	Portion
KH	3	11,1
Fett	6,5	24,6
EW	9,9	37,3
Kcal	113	425
Kjoule	473	1776

Rosenkohltopf (M)(A)

Zubereitung: 35 Minuten
Für 6–8 Portionen

Zutaten:
2 Zwiebeln
1 EL Butterschmalz (Ghee)
3 Paprikawürste oder Wurst nach Wahl
1 l Rinderbrühe
800 g Rosenkohl
2 rote Paprikaschoten
200 g Sellerie
2 Knoblauchzehen
2 EL Paprikapulver, edelsüß
1 EL Paprikapulver, rosenscharf
½ TL geriebene Muskatnuss
Salz und Pfeffer
½ EL Birkenzucker (Xylit)
pro Portion 1 EL Crème fraîche
etwas frische Petersilie

	100 g	Portion (7)
KH	3,2	13,5
Fett	2,6	10,8
EW	2,6	10,8
Kcal	48	203
Kjoule	208	848

So wird's gemacht:

Die Zwiebeln abziehen, würfeln und in einem Topf mit etwas Butterschmalz anschwitzen.
Die Würstchen in Scheiben schneiden und kurz mitbraten.
Mit der Rinderbrühe auffüllen. Rosenkohl, Paprika und Sellerie putzen und waschen. Knoblauch schälen. Paprika, Sellerie und Knoblauch klein schneiden und mit dem Rosenkohl in den Topf geben.
Die Gewürze und den Birkenzucker einrühren und den Rosenkohltopf 20 Minuten köcheln lassen.
Den Rosenkohltopf in tiefe Teller füllen und jeden Teller mit 1 EL Crème fraîche und frischer Petersilie garnieren.

Süßkartoffelpfanne mit Hähnchenbrust M A

Zubereitung: 30 Minuten
Für 3–4 Portionen

Zutaten:

2 Hähnchenbrüste
1 EL Butterschmalz (Ghee)
500 g Süßkartoffeln
1 rote Zwiebel
1 Zucchini
1 rote Paprikaschote
1 EL Tomatenmark
250 ml Gemüsebrühe
1 TL Currypulver
1 EL Paprikapulver, edelsüß
1 EL Birkenzucker (Xylit)

So wird's gemacht:

Die Hähnchenbrüste klein schneiden, in der Pfanne mit Butterschmalz goldbraun und gar braten, anschließend aus der Pfanne nehmen und warm stellen.
Die Süßkartoffeln putzen, schälen, in Würfel schneiden und in der Pfanne anbraten. Die Zwiebel schälen und klein schneiden. Drei Zwiebelringe zur Seite legen. Die Zucchini und die Paprika waschen, putzen und klein würfeln. Das Tomatenmark mit dem Gemüse in die Pfanne geben und kurz andünsten. Mit der Gemüsebrühe ablöschen, die Gewürze und den Birkenzucker hinzugeben und kurz köcheln lassen. Anschließend die Hähnchenstücke in die Pfanne zurückgeben und kurz erwärmen. Süßkartoffelpfanne mit den Zwiebelringen garniert servieren.

	100 g	Portion (3)
KH	6,8	36,9
Fett	1,6	8,5
EW	6,4	34,9
Kcal	68	372
Kjoule	285	1552

Gratinierte Hähnchenbrust Ⓜ Ⓐ

Vorbereitung: 15 Minuten
Backen: 25 Minuten
Für 2–4 Portionen

Zutaten:
300 g Blumenkohl
300 g Brokkoli
1/2 TL geriebene Muskatnuss
500 g Hähnchenbrust
1 EL Butterschmalz (Ghee)
150 g Frischkäse (Doppelrahmstufe)
1 TL Paprikapulver, rosenscharf
Salz und Pfeffer
50 g geriebener Gouda

So wird's gemacht:

Den Backofen auf 160 °C Umluft bzw. 180 °C Ober-/Unterhitze vorheizen.

Den Blumenkohl und den Brokkoli putzen, waschen und in Röschen teilen. Den Kohl in einem Topf mit Salzwasser und 1/4 TL Muskat bissfest garen. Anschließend durch ein Sieb abgießen und abtropfen lassen.

Die Hähnchenbrust in einer ofenfesten Pfanne mit etwas Butterschmalz rundherum goldbraun anbraten. Anschließend Pfanne vom Herd nehmen.

Den Blumenkohl und den Brokkoli mit einem Messer so weit wie möglich zerkleinern und in einer Schüssel mit dem Frischkäse, dem restlichen Muskat und dem Paprikapulver vermischen. Mit Salz und Pfeffer nach Geschmack würzen und alles gut vermengen.

Die Kohlmischung über die Hähnchenbrust verteilen, mit dem geriebenen Gouda bestreuen und auf mittlerer Schiene 25 Minuten im Ofen backen.

	100 g	Portion (3)
KH	2,8	12,2
Fett	5,8	25,4
EW	12	52,5
Kcal	116	511
Kjoule	487	2136

Fischsuppe (M)(A)

Zubereitung: 30 Minuten
Für 2–4 Portionen

Zutaten:

1 Zwiebel
1 Bund Frühlingszwiebeln
1 EL Butterschmalz (Ghee)
2 Salatgurken
400 g Kirschtomaten
300 g Zanderfilet
200 g Garnelen
1 l Gemüsebrühe
50 g Crème fraîche
Chiliflocken nach Geschmack
½ TL geriebene Muskatnuss
Salz und Pfeffer
1 EL Birkenzucker (Xylit)
2 EL Zitronensaft

So wird's gemacht:

Die Zwiebel schälen und klein hacken. Die Frühlingszwiebeln waschen, putzen und in dünne Ringe schneiden. Beides in einer Pfanne mit dem Butterschmalz anschwitzen.

Die Salatgurken schälen, der Länge nach halbieren und die Kerne in der Mitte aushöhlen.

Die Gurkenhälften zerkleinern. Die Kirschtomaten waschen und halbieren. Beides in die Pfanne geben.

Das Zanderfilet in kleine Stücke schneiden, die Filetstückchen und die Garnelen in die Pfanne geben.

Gemüsebrühe angießen und alles köcheln, bis das Gemüse weich und der Fisch gar ist. Dann Crème fraîche hinzugeben und erwärmen. Mit den Gewürzen, dem Birkenzucker und dem Zitronensaft abschmecken und servieren.

	100 g	Portion (4)
KH	0,8	6,2
Fett	1,6	12,3
EW	3,2	24,2
Kcal	33	247
Kjoule	137	1027

Sparschweinchen (M)(A)

Zubereitung: 25 Minuten
Für 4 Portionen

Zutaten:
150 g Speck
350 g Wiener Würstchen oder Wurst nach Wahl
2 Zwiebeln
2 Knoblauchzehen
1 EL Butterschmalz (Ghee)
200 ml Rinderbrühe
250 g Kirschtomaten
400 g passierte Tomaten
1 EL Tomatenmark
1 rote Chilischote
1 EL Paprikapulver, edelsüß
½ TL getrockneter Koriander
½ TL getrockneter Oregano
Salz und Pfeffer

So wird's gemacht:

Den Speck würfeln und die Würstchen in Scheiben schneiden. Die Zwiebeln und die Knoblauchzehen schälen, klein hacken, in eine Pfanne mit Butterschmalz geben. Speck und Würste dazugeben und alles gut anbraten. Mit der Rinderbrühe ablöschen. Die Kirschtomaten waschen, halbieren, mit den passierten Tomaten und dem Tomatenmark in die Pfanne geben. Die Chilischote waschen, die Kerne nach Belieben entfernen, die Schote hacken und ebenfalls in die Pfanne geben. Die Gewürze und Kräuter hinzufügen und alles 10 Minuten köcheln lassen. Mit Salz und Pfeffer nach Geschmack würzen und servieren.

	100 g	Portion
KH	3,1	12,9
Fett	14,3	58,7
EW	5,1	20,8
Kcal	160	659
Kjoule	671	2755

Mandel-Zitronen-Rouladen 

Zubereitung: 40 Minuten
Für 2–4 Portionen

Zutaten:

300 g Möhren
Zitronenmelisse nach Geschmack
2 Eier (Größe M)
2 EL gehackte Mandeln
100 g gemahlene Mandeln
1 EL Zitronenschale
Saft 1 Zitrone
4 Schweineschnitzel
1 EL Butterschmalz (Ghee)
200 g Sahne
Pfeffer

So wird's gemacht:

Den Backofen auf 180 °C Umluft bzw. 200 °C Ober-/Unterhitze vorheizen.

Die Möhren putzen, schälen, der Länge nach halbieren und in Stifte schneiden. Die Möhrenstifte in einem Topf mit kochendem Wasser kurz blanchieren und durch ein Sieb abgießen. 1/3 der Möhrenstifte zum Garnieren beiseitelegen.

Zitronenmelisse waschen, trocken schütteln und hacken.

Die Eier in eine Schüssel aufschlagen, verquirlen und die Möhrenstifte, Zitronenmelisse, gehackte und gemahlene Mandeln, Zitronenschale und Saft 1/2 Zitrone hinzugeben und gut vermischen.

Die Schweineschnitzel flach klopfen. Die Füllung mittig auf die Schnitzel streichen. Anschließend das Fleisch aufrollen, mit Zahnstochern befestigen und in einer Pfanne mit Butterschmalz rundherum anbraten.

In einer zweiten Schüssel die Sahne mit dem restlichen Zitronensaft vermischen und mit Pfeffer nach Geschmack würzen.

Die gefüllten Schweineschnitzel in eine Auflaufform legen und die Sahnesauce darübergießen. Die restlichen Möhrenstifte seitlich um die Rouladen verteilen. Rouladen 25 Minuten im Ofen backen.

	100 g	Portion (4)
KH	2,8	9,2
Fett	11,9	38,7
EW	12,4	40,4
Kcal	172	562
Kjoule	716	2339

Sämiger Steckrübeneintopf (M) (A)

Zubereitung: 40 Minuten
Für 4–6 Portionen

Zutaten:

1 Gemüsezwiebel
1 EL Butterschmalz (Ghee)
1 1/2 l Gemüsebrühe
500 g Steckrüben
1 Stange Lauch
Salz und Pfeffer
1 TL getrockneter Thymian
2 Lorbeerblätter
400 g Kasseler ohne Knochen

So wird's gemacht:

Die Zwiebel schälen und klein hacken. Das Butterschmalz in einem Topf erhitzen und die Zwiebelwürfel darin anschwitzen. Mit der Gemüsebrühe ablöschen.

Das Gemüse putzen, gut waschen, klein würfeln und in den Topf geben. Mit Salz und Pfeffer würzen. Thymian, Lorbeerblätter und Kasseler im Ganzen in den Topf geben und alles köcheln lassen, bis das Gemüse weich ist.

Kasseler herausnehmen und in kleine Würfel schneiden. Anschließend die Hälfte des Eintopfs entnehmen und in einer separaten Schüssel pürieren. Vorher die Lorbeerblätter entfernen. Die Kasselerwürfel wieder in den Eintopf zurückgeben. Das Püree wieder zur Suppe in den Topf schütten und alles zu einem sämigen Eintopf verrühren.

Notiz: gut zum Einfrieren geeignet oder für mehrere Tage.

	100 g	Portion (4)
KH	2,1	15,3
Fett	2,1	15
EW	3,4	24,5
Kcal	42	307
Kjoule	175	1278

Backofennudeln mit Tomatensauce M A V

Zubereitung: 20 Minuten
Für 2 Portionen

Zutaten:

1 Kugel Mozzarella
3 Eier (Größe M)
10 g Leinsamenmehl
5 g Flohsamenschalen
15 g Butterschmalz (Ghee)
Salz
400 g Kirschtomaten
1 EL Tomatenmark
Chiliflocken nach Geschmack
getrockneter Oregano, Majoran, Basilikum nach Geschmack
Pfeffer

So wird's gemacht:

Den Backofen auf 170 °C Umluft oder 190 °C Ober-/Unterhitze vorheizen.

Die Mozzarellakugel abtropfen lassen, klein hacken und in eine Schüssel geben. Die Eier in die Schüssel aufschlagen, das Leinsamenmehl, die Flohsamenschalen und das Butterschmalz hinzugeben, alles gut vermischen, mit einem Stabmixer pürieren und mit dem Salz würzig abschmecken.

Ein Backblech mit Backpapier auslegen, den Teig dünn darauf ausrollen und 10 Minuten im Ofen backen. Nach dem Backen sofort in dünne Streifen schneiden.

Für die Sauce die Kirschtomaten waschen, trocken tupfen und halbieren. Mit dem Tomatenmark in einen Topf geben und garen, Chiliflocken, Kräuter, Salz und Pfeffer unterrühren. Sauce 10 Minuten köcheln lassen. Dann zu den Backofennudeln servieren.

	100 g	Portion
KH	3,5	15,7
Fett	6,2	28,2
EW	7,4	33,7
Kcal	102	461
Kjoule	424	1926

Kokoshähnchensuppe Ⓜ Ⓐ

Zubereitung: 85 Minuten
Für 4 Portionen

Zutaten:

500 ml Hühner- oder Gemüsebrühe
3 Hähnchenschenkel
1 Zucchini
1 Paprikaschote
2 Möhren
200 ml Kokosmilch
1 TL getrockneter Estragon
1 EL Paprikapulver, edelsüß
1 TL Currypulver
Chiliflocken nach Geschmack
Salz und Pfeffer

	100 g	Portion
KH	2,4	11,6
Fett	6,1	28,9
EW	6,9	32,7
Kcal	92	436
Kjoule	386	1824

So wird's gemacht:

In einem Topf die Brühe zum Kochen bringen und die Hähnchenschenkel hineingeben und 60 Minuten köcheln lassen, bis das Fleisch durchgegart ist.

Die Hähnchenschenkel herausnehmen, das Fleisch vom Knochen lösen und klein schneiden.

Das Gemüse waschen, putzen, klein schneiden und in der Suppenbrühe bissfest garen. Die Kokosmilch und die Gewürze hinzugeben und erwärmen. Anschließend das Hähnchenfleisch wieder zurück in die Suppe legen, erwärmen und Suppe mit Salz und Pfeffer abschmecken.

Wirsing-Paprika-Pfanne (M)(A)(V)

Zubereitung: 30 Minuten
Für 2 Portionen

Zutaten:
1 kleiner Wirsing
2 Knoblauchzehen
3 rote Paprikaschoten
1 EL Butterschmalz (Ghee)
250 g Feta
Chiliflocken nach Geschmack
1/2 TL Kümmel
1 EL Paprikapulver, edelsüß
1 EL Tomatenmark
150 ml Gemüsebrühe
Salz und Pfeffer

So wird's gemacht:

Den Wirsing putzen, waschen, abtropfen lassen und in schmale Streifen schneiden. Die Knoblauchzehen schälen und klein würfeln. Die Paprikaschoten waschen, putzen und in kleine Würfel schneiden. Das Gemüse in einer Pfanne mit dem Butterschmalz andünsten.
Den Feta in Würfel schneiden und mit den Gewürzen und dem Tomatenmark in die Pfanne geben.
Die Gemüsebrühe angießen und alles köcheln lassen, bis das Gemüse weich ist. Mit Salz und Pfeffer abschmecken

	100 g	Portion
KH	4,8	31,2
Fett	5,8	37,5
EW	4,2	27,5
Kcal	89	576
Kjoule	371	2408

Putenschnitzel mit Pfeffer-Sahne-Zwiebeln (M) (A)

Zubereitung: 30 Minuten
Für 2 Portionen

Zutaten:
1 EL Butterschmalz (Ghee)
2 Putenschnitzel (300 g)
1 Gemüsezwiebel
1 Zucchini
100 ml Milch
100 g Crème fraîche
frisch gemahlener Pfeffer
Salz

	100 g	Portion
KH	2,4	10,8
Fett	5,2	23,8
EW	9,1	41,8
Kcal	93	429
Kjoule	388	1784

So wird's gemacht:

Etwas Butterschmalz in einer Pfanne schmelzen und die Putenschnitzel darin goldbraun braten. Dann aus der Pfanne nehmen und warm stellen.

Gemüsezwiebel schälen und in halbe Ringe schneiden. Die Zucchini putzen, waschen und in kleine Stücke würfeln. Die Zwiebeln in der Pfanne glasig andünsten, die Zucchiniwürfel dazugeben und anbraten.

Die Gemüsepfanne mit Milch ablöschen und kurz köcheln lassen. Die Crème fraîche und den Pfeffer einrühren, mit Salz nach Geschmack würzen und Sauce mit den Putenschnitzeln servieren.

Kokos-Paprika-Hähnchen Ⓜ Ⓐ

Zubereitung: 30 Minuten
Für 2 Portionen

Zutaten:

2 Hähnchenbrüste
etwas Butterschmalz (Ghee)
150 ml Gemüse- oder Hühnerbrühe
4 rote Paprikaschoten
1 Bund Frühlingszwiebeln
1 TL getrockneter Estragon
1 EL Paprikapulver, edelsüß
Pfeffer
Salz
200 g Kokosmilch

So wird's gemacht:

Die Hähnchenbrust klein schneiden und in einer Pfanne mit etwas Butterschmalz goldbraun braten. Mit der Gemüse- oder Hühnerbrühe ablöschen.
Die Paprika waschen, putzen, würfeln und hinzugeben. Die Frühlingszwiebeln putzen, waschen und in Ringe schneiden, dann ebenfalls in die Pfanne geben. Das Gemüse und die Hähnchenbrust sanft garen, bis die Paprika weich ist.
Paprika-Hähnchen mit dem Estragon, dem Paprikapulver, Pfeffer und Salz würzen. Die Kokosmilch hinzugeben, verrühren und erwärmen.

	100 g	Portion
KH	3,9	29
Fett	4,3	32,1
EW	7,1	53,3
Kcal	84	627
Kjoule	351	2622

Sahnekohlrabi mit Hähnchenbrust

Zubereitung: 30 Minuten
Für 2 Portionen

Zutaten:

600 g Kohlrabi mit Grün
200 ml Gemüsebrühe
200 g Sahne
1 EL Zitronensaft
1 TL Birkenzucker (Xylit)
Salz und Pfeffer
geriebene Muskatnuss nach Geschmack
2 Hähnchenbrüste
1 EL Butterschmalz (Ghee)

So wird's gemacht:

Die Kohlrabis putzen, etwas von dem Grün beiseitelegen. Kohlrabi in Stifte oder kleine Würfel schneiden und mit der Gemüsebrühe in einen Topf geben. Aufkochen und Kohlrabi 12–15 Minuten weich garen. Anschließend das Kochwasser abgießen.

Nun die Sahne, den Zitronensaft, den Birkenzucker und die Gewürze in den Topf geben und erwärmen.

Die Hähnchenbrust klein schneiden und in einer Pfanne mit dem Butterschmalz goldbraun und gar braten.

Das Kohlrabi-Grün waschen, klein hacken und mit der Hähnchenbrust in den Gemüsetopf einrühren.

	100 g	Portion
KH	3,1	22,2
Fett	5,8	41,5
EW	7,6	53,9
Kcal	94	671
Kjoule	390	2783

Zucchini-Garnelen-Pfanne M A

Zubereitung: 20 Minuten
Für 2 Portionen

Zutaten:
2 Zucchinis
100 g Apfel
100 g Frühlingszwiebeln
1 EL Butterschmalz (Ghee)
300 g Garnelen
100 g Schmand
½ TL Paprikapulver, rosenscharf
Chiliflocken nach Geschmack
Salz und Pfeffer

So wird's gemacht:

Die Zucchini und den Apfel waschen, putzen und klein würfeln. Die Frühlingszwiebeln waschen, putzen und in feine Ringe schneiden.
Butterschmalz in einer Pfanne erhitzen und die vorbereiteten Zutaten mit den Garnelen kurz darin anbraten.
Den Schmand unterrühren und erwärmen. Zucchini-Garnelen-Pfanne mit dem Paprikapulver, Chiliflocken, Salz und Pfeffer fein abschmecken.

	100 g	Portion
KH	4,3	23,5
Fett	2,7	14,9
EW	4,4	24,1
Kcal	62	337
Kjoule	257	1409

Champignon-Gratin (M)(A)(V)

Zubereitung: 35 Minuten
Für 2 Portionen

Zutaten:
1 Zwiebel
2 Knoblauchzehen
400 g Champignons (Farbe nach Wahl)
1 EL Butterschmalz (Ghee)
1 Bund frischer Kerbel
2 Eier (Größe M)
100 g Crème fraîche
Salz und Pfeffer
1 Kugel Mozzarella

	100 g	Portion
KH	2,3	11,1
Fett	7,7	36,8
EW	7	33,3
Kcal	109	520
Kjoule	452	2164

So wird's gemacht:

Den Backofen auf 200 °C Umluft oder 220 °C Ober-/Unterhitze vorheizen.

Die Zwiebel und die Knoblauchzehen schälen und klein würfeln.

Champignons vorsichtig putzen und in dünne Scheiben schneiden.

Butterschmalz in einer Pfanne erhitzen, die Champignons mit den Zwiebel- und Knoblauchwürfeln darin andünsten und anschließend in eine Auflaufform füllen.

Den Kerbel waschen, trocken schütteln und fein hacken.

Die Eier in einer Schüssel mit der Crème fraîche und dem Kerbel verrühren. Mit Salz und Pfeffer würzen und Sauce danach über die Champignons verteilen.

Den Mozzarella abtropfen lassen, in Scheiben schneiden und auf den Auflauf legen.

Gratin im Ofen ca. 20–25 Minuten bis zur gewünschten Bräunung überbacken.

Leinsamenpizza (M)(A)

Zubereitung: 60 Minuten
Für 2 Portionen

Zutaten:
10 g Chiasamen
150 ml Wasser
20 g geschrotete Leinsamen
40 g Leinsamenmehl
40 g Kokosmehl
1 EL getrockneter Oregano
Salz
1 Handvoll Basilikumblätter
2 Champignons
50 g passierte Tomaten
3 Scheiben Salami
20 g geriebener Emmentaler

	100 g	Portion
KH	4	7,5
Fett	8,5	15,7
EW	10,5	19,4
Kcal	148	274
Kjoule	620	1147

So wird's gemacht:

Backofen auf 180 °C Umluft oder 200 °C Ober-/Unterhitze vorwärmen.

Die Chiasamen mit dem Wasser in einer Schüssel vermischen und ca. 15 Minuten quellen lassen.

Die geschroteten Leinsamen, das Leinsamenmehl, das Kokosmehl, den Oregano und etwas Salz in einer zweiten Schüssel verrühren. Die Mehlmischung zu den aufgequollenen Chiasamen geben und alles zu einem gleichmäßigen festen Teig kneten.

Backpapier auf einem Backblech auslegen, den Teig daraufgeben und mit den Händen zu einem flachen großen Pizzaboden drücken.

Den Pizzaboden in den Ofen schieben und 30 Minuten backen, nach 15 Minuten einmal wenden.

Basilikum waschen, trocken schütteln und hacken. Champignons putzen und in Scheiben schneiden.

Passierte Tomaten in einer Schüssel mit dem Basilikum vermischen.

Den fertig gebackenen Boden mit der Tomatensauce bestreichen. Mit Salami, Champignons und geriebenem Käse belegen und die Pizza noch einmal in den Ofen schieben, bis der Belag gar bzw. der Käse zerlaufen ist.

Orangenhähnchen Ⓜ Ⓐ

Zubereitung: 35 Minuten
Für 4 Portionen

Zutaten:
4 Hähnchenschenkel
1 EL Butterschmalz (Ghee)
20 g Ingwer
100 ml Wasser
1 EL Balsamico
1 TL Senf
1 EL Birkenzucker (Xylit)
2 Orangen
1 Zucchini oder Gemüse nach Wahl

	100 g	Portion
KH	1,9	6,7
Fett	10,2	36
EW	14,3	50,8
Kcal	160	569
Kjoule	683	2375

So wird's gemacht:

Den Backofen auf 200 °C Umluft oder 220 °C Ober-/Unterhitze vorheizen.

Die Hähnchenschenkel in einer Pfanne mit etwas Butterschmalz rundum goldbraun anbraten, in eine Auflaufform legen und im Ofen ca. 25 Min fertig garen.

Den Ingwer schälen und hacken. Das Wasser mit dem Balsamico in der Pfanne erhitzen und den Ingwer hinzugeben. Die Sauce ca. 15 Minuten köcheln lassen. Anschließend den Senf und den Birkenzucker einrühren.

1 Orange halbieren und auspressen. Die andere Orange gut schälen und in Scheiben schneiden. Die Orangenscheiben und den Saft in die Sauce geben und kurz köcheln lassen.

Die Zucchini waschen, putzen und in feine Scheiben schneiden. In einer separaten Pfanne mit etwas Butterschmalz kurz andünsten.

Die Hähnchenschenkel mit der Orangensauce und dem Zucchinigemüse anrichten.

Hähnchenschenkel provenzalischer Art (M)(A)

Zubereitung: ca. 60 Minuten
Für 4 Portionen

Zutaten:
4 Hähnchenschenkel
1 EL Paprikapulver, rosenscharf
Pfeffer
1 Zwiebel
2 Knoblauchzehen
1 EL Butterschmalz (Ghee)
450 g Zucchini
1 TL getrockneter Rosmarin
Salz
400 g stückige Tomaten
150 g Zuckerschoten
75 g Oliven, ohne Stein

So wird's gemacht:

Den Backofen auf 200 °C Umluft bzw. auf 220 °C Ober-/Unterhitze vorheizen.
Die Hähnchenschenkel mit dem Paprikapulver und Pfeffer einreiben, in eine Auflaufform legen und im Ofen 35 Minuten braten.
Die Zwiebel und den Knoblauch schälen, klein hacken und in einer Pfanne mit dem Butterschmalz glasig dünsten.
Die Zucchini waschen, putzen, klein schneiden und in der Pfanne braten, bis sie bissfest sind. Mit Rosmarin, Pfeffer und Salz würzen.
Die stückigen Tomaten, die Zuckerschoten und die Oliven hinzugeben und kurz erhitzen.
Das Gemüse auf einem Servierteller anrichten und die Hähnchenschenkel auf das Gemüse betten.

	100 g	Portion
KH	2,6	13
Fett	5,7	28,6
EW	8,3	41,6
Kcal	97	484
Kjoule	404	2024

Paprika gefüllt mit Hähnchen

Zubereitung: 30 Minuten
Für 2 Portionen

Zutaten:
350 g Hähnchenbrust
1 EL Butterschmalz (Ghee)
1 Zwiebel
1 EL getrockneter Oregano
1 TL Paprikapulver, edelsüß
1 TL Currypulver
Salz
150 g Frischkäse (Doppelrahmstufe)
4 Paprikaschoten
etwas Butter zum Fetten der Form

So wird's gemacht:

Den Backofen bei 200 °C Umluft bzw. 220 °C Ober-/Unterhitze vorheizen.

Die Hähnchenbrust in kleine Würfel schneiden und in einer Pfanne mit Butterschmalz rundum anbraten.

Die Zwiebel schälen, hacken und zu dem Hähnchenfleisch geben. Pfanne vom Herd nehmen. Gewürze und Frischkäse untermischen.

Die Paprikaschoten waschen, oben einen Deckel abschneiden und mit einem kleinen Löffel die Kerne entfernen.

Die Hähnchenbrust-Frischkäse-Masse in die Paprika füllen, die Paprikadeckel wieder auflegen. Paprika in eine gefettete Auflaufform stellen und im Ofen ca. 15 Minuten backen.

	100 g	Portion
KH	4,3	26,9
Fett	4,5	28
EW	8,5	53,4
Kcal	94	590
Kjoule	393	2468

Curry-Bällchen Ⓜ Ⓐ

Zubereitung: 35 Minuten
Für 2 Portionen

Zutaten:

1 Zwiebel
etwas Butterschmalz (Ghee)
300 g Rinderhackfleisch
1 Ei (Größe M)
2 TL Paprikapulver, edelsüß
gemahlener Kreuzkümmel nach Geschmack
Salz und Pfeffer
2 Paprikaschoten
1 Zucchini
2 EL Tomatenmark
250 ml Brühe
2 EL Currypulver

So wird's gemacht:

Zwiebel schälen, klein würfeln und in einer Pfanne mit Butterschmalz glasig dünsten.

Die Hälfte der Zwiebel mit dem Hackfleisch und dem Ei in einer Schüssel vermischen und mit 1 EL Paprikapulver, Kreuzkümmel, Pfeffer und Salz würzen.

Aus dem Rinderhackgemisch kleine Bällchen formen und diese in der Pfanne mit Butterschmalz rundherum goldbraun und gar braten, anschließend herausnehmen.

Die Paprika und Zucchini waschen, putzen, klein schneiden und mit der restlichen Zwiebel in der Pfanne anbraten. Das Tomatenmark hinzugeben und die Brühe angießen. Mit dem Curry und dem restlichen Paprikapulver, Salz und Pfeffer würzen.

Die Hackbällchen in das Paprika-Zucchini-Curry geben, kurz erhitzen und servieren.

	100 g	Portion
KH	4	26,5
Fett	4,4	28,9
EW	6,6	43,3
Kcal	85	562
Kjoule	356	2349

Möhren-Pilz-Pfanne Ⓜ Ⓐ Ⓥ

Zubereitung: 35 Minuten
Für 2–3 Portionen

Zutaten:
500 g Champignons (Farbe nach Wahl)
500 ml Gemüsebrühe
500 g Möhren
3 Zweige frischer Thymian
3 Zweige frischer Estragon
etwas frische Petersilie
Salz und Pfeffer
200 g Sahne
100 g Frischkäse (Doppelrahmstufe)
3 Frühlingszwiebeln

	100 g	Portion (3)
KH	3	27,3
Fett	5,3	32,2
EW	2,1	12,9
Kcal	71	431
Kjoule	295	1800

So wird's gemacht:

Die Champignons putzen und in Scheiben schneiden. Die Champignonscheiben ohne Öl in einer Pfanne braten, bis sie eine schöne Farbe angenommen haben. Dann mit der Gemüsebrühe ablöschen.

Die Möhren putzen, waschen, in dünne Scheiben schneiden und zu den Pilzen in die Pfanne geben.

Thymian, Estragon und Petersilie waschen und trocken schütteln. Anschließend die Blättchen von Thymian und Estragon abzupfen und zu dem Gemüse in die Pfanne geben. Petersilie hacken und beiseitestellen.

Möhren-Pilz-Pfanne mit Salz und Pfeffer würzen und die Sahne hinzugießen. Den Frischkäse einrühren und alles köcheln lassen, bis die Möhren bissfest gegart sind.

Die Frühlingszwiebeln putzen, waschen und in Ringe schneiden. Zum Schluss die Frühlingszwiebelringe in die Pfanne geben und kurz mitgaren. Gemüsepfanne mit frischer Petersilie bestreut servieren.

Herzhaft-bunter Eintopf Ⓜ Ⓐ

Zubereitung: 50 Minuten
Für 3–4 Portionen

Zutaten:
1 Gemüsezwiebel
150 g Stangensellerie
150 g Petersilienwurzel
100 g Karotten
150 g Tomaten
250 g Brokkoli
250 g Blumenkohl
500 g Rinderhackfleisch
125 g Katenschinken gewürfelt
1,5 l Rinderbrühe
2 EL Kräutermischung (z.B. Gartenkräuter)
1 TL Chiliflocken
Salz
Pfeffer
frischer Kerbel oder Petersilie

So wird's gemacht:

Die Gemüsezwiebel abziehen und würfeln. Das Gemüse putzen. Den Stangensellerie, die Petersilienwurzel und die Karotten in Scheiben schneiden. Die Tomaten in Würfel schneiden. Den Brokkoli und den Blumenkohl in Röschen teilen.
Das Rinderhackfleisch, den Katenschinken und die gewürfelte Gemüsezwiebel ohne Zugabe von Fett in einem Topf anbraten, bis die Zwiebeln goldbraun sind. Während des Anbratens das Rinderhackfleisch mit dem Pfannenwender in mundgerechte Stücke teilen.
Mit der Rinderbrühe auffüllen und das Gemüse mit in den Topf geben. Alles mit der Kräutermischung, den Chiliflocken und mit Salz und Pfeffer nach Geschmack würzen.
Den Eintopf mit geschlossenem Deckel leicht köcheln lassen, bis das Gemüse bissfest gegart ist.
Den Kerbel oder die Petersilie waschen, trocken schütteln und grob hacken und den Eintopf damit garnieren.

	100 g	Portion (4)
KH	1,8	15,0
Fett	2,5	20,1
EW	4,8	38,9
Kcal	49	397
Kjoule	203	1660

Hackbraten à la Cordon Bleu

Zubereitung: 80 Minuten
Für 5–8 Portionen

Zutaten:
1500 g Rinderhackfleisch
3 Eier (Größe M)
1 EL mittelscharfer Senf
1 EL Paprikapulver, rosenscharf
1/2 TL gemahlener Kreuzkümmel
Salz und Pfeffer
150 g Schinken nach Wahl
200 g Cheddar in Scheiben

	100 g	Portion (8)
KH	0,1	0,2
Fett	12,4	31,6
EW	20,8	52,7
Kcal	196	496
Kjoule	817	2073

So wird's gemacht:

Backofen auf 160 °C Umluft bzw. 180 °C Ober-/Unterhitze vorheizen.

Das Hackfleisch mit den Eiern, dem Senf, dem Paprikapulver, dem Kreuzkümmel und ein wenig Salz und Pfeffer in eine Schüssel geben und zu einer gleichmäßigen Masse vermischen.

Ein Backblech mit Backpapier auslegen und darauf gleichmäßig dick die Hackfleischmischung verteilen. Dabei seitlich etwas Backpapier unbestrichen lassen, damit die Rolle verschlossen werden kann.

Das Hackfleisch nun mit dem Schinken und dem Cheddar belegen. An einer Längsseite des Backpapiers anfangen, den Hackbraten vorsichtig einzurollen. Die Enden der Rolle gut verwinden und zusammendrücken, sodass die Rolle verschlossen ist und kein Hackbraten auslaufen kann.

Hackbraten im Ofen ca. 60 Minuten backen.

Mediterran gebackene Aubergine mit Paranüssen und Paprikapüree (M)(A)(V)

Zubereitung: 45 Minuten
Für 4 Portionen

Zutaten:
2 Auberginen
2 rote Paprikaschoten
2 Tomaten
2 Frühlingszwiebeln
1 EL Olivenöl
Salz
Cayennepfeffer nach Geschmack
frischer Oregano nach Geschmack
200 g Hirtenkäse
50 g Paranüsse
Pfeffer

So wird's gemacht:

Den Backofen auf 200 °C Umluft oder 220 °C Ober-/Unterhitze vorheizen.
Die Auberginen waschen, putzen und der Länge nach in ca. 1 cm dicke Scheiben schneiden.
Ein Backblech mit Backpapier auslegen, darauf die Auberginenscheiben verteilen und die Auberginen ca. 20 Minuten im Ofen backen.
Die Paprika, die Tomaten und die Frühlingszwiebeln waschen, putzen, dann die Paprika klein schneiden und die Frühlingszwiebeln in Ringe schneiden. Die Tomaten vierteln, Kerne und Stielansatz entfernen und Fruchtfleisch würfeln.
In einem Topf das Olivenöl erhitzen und darin die Paprikastücke unter gelegentlichem Rühren anbraten, bis sie gar sind. Mit Salz, Cayennepfeffer und Oregano würzen. Dann mit dem Pürierstab zu einem feinen Paprikapüree zerkleinern.
Den Hirtenkäse würfeln und die Paranüsse hacken.
Die Tomatenstücke, die Frühlingszwiebelringe, die Hirtenkäsewürfel und die gehackten Paranüsse in eine Schüssel füllen, mit Salz und Pfeffer würzen und alles gut vermengen.
Die Tomatenmischung auf den Auberginenscheiben verteilen und diese noch einmal etwa 10 Minuten in den Backofen schieben, bis der Käse zerlaufen ist.
Gegebenenfalls das Paprikapüree noch einmal kurz erhitzen Dann die überbackenen Auberginenscheiben mit dem Paprikapüree auf Tellern anrichten.

	100 g	Portion
KH	5,1	17,5
Fett	7,6	25,9
EW	3,6	12,3
Kcal	101	343
Kjoule	421	1431

Pesto-Hähnchen auf Gemüse

Zubereitung: 45 Minuten
Für 2 Portionen

Zutaten:
2 Hähnchenbrustfilets
1 EL Butterschmalz (Ghee) oder Olivenöl
1 Aubergine
1 rote Paprikaschote
3 Tomaten
3 EL grünes oder rotes Pesto
Salz und Pfeffer
125 g Mozzarella

So wird's gemacht:

Den Backofen auf 180 °C Umluft oder 200 °C Ober/-Unterhitze vorheizen.

Die Hähnchenbrust unter kaltem Wasser abspülen und das Fleisch mit Küchenkrepp trocken tupfen.

Etwas Butterschmalz in einer Pfanne erhitzen und die Hähnchenbrust darin von beiden Seiten goldbraun anbraten, dann das Hähnchen auf niedriger Hitze durchgaren.

Die Aubergine und die Paprika waschen, putzen und in Stücke schneiden.

Die Hähnchenbrust aus der Pfanne nehmen und warm stellen. Nun das klein geschnittene Gemüse in die Pfanne geben und unter gelegentlichem Rühren anbraten.

Die Tomaten waschen und in Würfel schneiden. Die Tomatenstücke zusammen mit 1 EL Pesto zum Gemüse in die Pfanne geben. Mit Salz und Pfeffer würzen und das Gemüse kurz in der Pfanne schwenken, bis sich das Pesto gleichmäßig verteilt hat.

Gemüse in eine flache Auflaufform füllen und die Hähnchenbrust auf das Gemüse legen. Die restlichen 2 EL Pesto über das Fleisch verteilen.

Den Mozzarella abtropfen lassen und in Scheiben schneiden. Die Hähnchenbrust mit den Mozzarellascheiben belegen. Die Form in den Ofen schieben und das Hühnchen überbacken, bis der Mozzarella geschmolzen ist.

	100 g	Portion
KH	3,3	20,9
Fett	3,4	21,8
EW	10,5	67,1
Kcal	85	541
Kjoule	355	2263

Überbackener Kürbis mit Garnelen und Knoblauch Ⓜ Ⓐ

Zubereitung: 45 Minuten
Für 2 Portionen

Zutaten:
200 g Garnelen, tiefgekühlt
1 Kürbis (Hokkaido)
2 Knoblauchzehen
100 g geriebener Emmentaler
getrockneter Oregano nach Geschmack
Pfeffer
1 EL Knoblauchbutter

So wird's gemacht:

Den Backofen auf 180 °C Umluft oder 200 °C Ober-/Unterhitze vorheizen.

Die Garnelen in einem Sieb auftauen.

Den Kürbis waschen und den Strunk entfernen. Den Kürbis nun einmal von oben nach unten halbieren, mit einem Löffel entkernen und dann in Scheiben schneiden. Die 4 schönsten und gleichmäßigsten Kürbisscheiben heraussuchen und auf ein mit Backpapier ausgelegtes Backblech legen. Den Rest klein schneiden und mit diesen Stücken das große Loch jeweils in der Mitte der Kürbisscheiben auf dem Backblech füllen.

Den Knoblauch schälen und in feine Scheiben schneiden.

Die Kürbisscheiben mit der Hälfte des geriebenen Emmentalers, Oregano und etwas Pfeffer bestreuen. Die Knoblauchscheiben darauf verteilen und das Backblech ca. 20–30 Minuten in den Ofen schieben, bis der Kürbis weich geworden ist.

Die Garnelen in einer Pfanne mit der Knoblauchbutter rundherum anbraten.

Den Kürbis aus dem Backofen holen und die Garnelen auf den vorgebackenen Kürbisscheiben verteilen. Sollte noch Knoblauchbutter in der Pfanne sein, einfach auf die Kürbisscheiben träufeln. Zum Schluss noch den restlichen Emmentaler auf den Garnelen verteilen und das Backblech wieder in den Ofen schieben, bis der Käse geschmolzen und gebräunt ist.

	100 g	Portion
KH	3,5	16
Fett	5,4	25
EW	6,6	30,4
Kcal	90	416
Kjoule	375	1738

Zucchini-Käse-Pizza mit Hähnchenbrust Ⓜ︎Ⓐ

Zubereitung: 40 Minuten
Für 1 Portion

Zutaten:
1 Zucchini (nicht zu klein, ca. 350–400 g)
100 g geriebener Käse nach Wunsch, z. B. Emmentaler oder Gouda
3 EL passierte Tomaten
1 TL getrockneter Oregano
100 g Hähnchenbrust oder Belag nach Wahl
etwas Butterschmalz (Ghee)
Pfeffer und Salz
frisches Basilikum nach Belieben

	100 g	Portion
KH	2,2	13,6
Fett	5,5	34,6
EW	9,1	57,1
Kcal	93	581
Kjoule	389	2429

So wird's gemacht:

Den Backofen auf 180 °C Umluft oder 200 °C Ober-/Unterhitze vorheizen.
Die Zucchini waschen, putzen und in Scheiben schneiden.
Ein Backblech mit Backpapier bedecken und darauf die Zucchinischeiben kreisförmig und leicht überlappend zu einer runden Pizza auslegen. Die Zucchinischeiben ca. 20 Minuten im Backofen braten, bis sie Farbe annehmen.
Ca. die Hälfte des geriebenen Käses über die Zucchinipizza verteilen und alles noch mal 5–10 Minuten in den Ofen schieben, bis der Käse geschmolzen und angebräunt ist.
Nun den Pizzaboden mit den passierten Tomaten bestreichen und mit Oregano würzen.
Für den weiteren Pizzabelag die Hähnchenbrust in einer Pfanne mit etwas Butterschmalz braten und in dünne Scheiben schneiden. Fleisch auf der Tomatensauce verteilen, mit Salz und Pfeffer würzen und mit dem restlichen Käse bestreuen.
Pizza erneut in den Ofen schieben, bis der Käse geschmolzen ist. Basilikum waschen, trocken schütteln und vor dem Servieren Blätter auf der Pizza verteilen.

Falscher Kartoffelsalat mit Ei und Tomaten (M) (A)

Zubereitung: 30 Minuten
Für 6 Portionen

Zutaten:

3 Eier (Größe M)
4 Kohlrabi
150 g kleine Tomaten (z. B. Kirschtomaten)
100 g Cornichons (ohne Zucker)
100 g Geflügelfleischwurst oder gekochter Schinken
1 rote Zwiebel
400 g Schmand
1 TL Senf
2 EL Gurkenwasser
1 TL Currypulver
1 TL Paprikapulver, edelsüß
Salz und Pfeffer

	100 g	Portion
KH	4,8	16,6
Fett	6,9	23,9
EW	3,4	11,8
Kcal	92	319
Kjoule	385	1335

So wird's gemacht:

Als Erstes die Eier kochen, dann unter kaltem Wasser abschrecken und zur Seite stellen, damit sie auskühlen können.

Kohlrabis putzen, schälen und mit einem scharfen Messer in ca. 1–2 cm dicke Scheiben schneiden. Dann in einem großen Topf mit ausreichend kochendem Wasser bissfest garen. Die Kohlrabischeiben durch ein Sieb abgießen und zur Seite stellen.

Die Tomaten waschen, in kleine Stücke und die Cornichons in kleine Scheibchen schneiden. Die Geflügelfleischwurst würfeln, die Zwiebel abziehen und je nach Vorliebe würfeln oder in Ringe schneiden. Eier pellen und vierteln.

In einer mittelgroßen Schüssel den Schmand, den Senf, das Gurkenwasser, das Currypulver und das Paprikapulver zu einem Dressing verrühren. Mit Salz und Pfeffer nach Geschmack würzen.

Die vorbereiteten Zutaten in einer großen Salatschüssel vermengen und das Dressing unterheben.

Königsberger Klopse mit Blumenkohlreis Ⓜ Ⓐ

Zubereitung: 45 Minuten
Für 6 Portionen

Zutaten:

2 Zwiebeln
etwas Butterschmalz (Ghee)
1 l Rinderbrühe
¼ TL Piment
2 Lorbeerblätter
500 g Rinderhackfleisch
1 Ei (Größe L)
1 TL mittelscharfer Senf
Salz und Pfeffer
200 g Sahne
2 TL Johannisbrotkernmehl
Saft ½ Zitrone
1 Glas Kapern
Birkenzucker (Xylit) nach Geschmack
1 Eigelb (Größe L) (das Eiweiß in einem anderen Rezept verwenden)
1 Blumenkohl
frische Petersilie nach Geschmack

So wird's gemacht:

Die Zwiebeln abziehen, eine von ihnen in Würfel schneiden und die andere vierteln. Zunächst die Zwiebelwürfel in einem Topf mit etwas Butterschmalz anbraten, bis sie glasig sind. Dann aus dem Topf nehmen und zur Seite stellen. Nun die Rinderbrühe und die geviertelte Zwiebel zusammen mit dem Piment und den Lorbeerblättern in den Topf geben und heiß werden lassen.

Währenddessen Rinderhack mit den zuvor angebratenen Zwiebeln, dem Ei, dem Senf, Salz und Pfeffer in einer Schüssel vermischen. Die Hackfleischmasse gut durchkneten und anschließend daraus Klopse formen. Die Klopse in der heißen Brühe 10 Minuten garen, herausnehmen und warm stellen. Alle festen Stücke wie die Zwiebeln und die Lorbeerblätter aus der Brühe heraussieben oder filtern und die Brühe vorerst zur Seite stellen.

Für die Sauce die Sahne in einen kalten Topf geben und das Johannisbrotkernmehl sorgfältig einrühren, bis keine Klumpen mehr vorhanden sind. Dann die Brühe vom Kochen der Klopse hinzufügen und die Sauce unter Rühren aufkochen. Nun den Zitronensaft sowie Kapern, Salz, Pfeffer und Birkenzucker hinzugeben. Die Sauce nicht mehr aufkochen und das Eigelb einrühren. Die Klopse in die Sauce geben.

Für den Reis einen ganzen Blumenkohl waschen, putzen, raspeln und anschließend in einer beschichteten Pfanne unter gelegentlichem Rühren dämpfen, bis er bissfest gegart ist. Petersilie waschen, trocken schütteln und hacken.

Königsberger Klopse mit Petersilie bestreuen und mit dem Blumenkohlreis servieren.

	100 g	Portion
KH	1,7	8,9
Fett	5,6	29,6
EW	4,7	24,7
Kcal	81	427
Kjoule	337	1785

Rezepte:
Abendessen

Scharfe Tomatensuppe mit Brokkoli Ⓜ Ⓐ Ⓥ

Zubereitung: 35 Minuten
Für 4 Portionen

Zutaten:
200 g Brokkoli
750 ml Gemüsebrühe
1 Zwiebel
1 Knoblauchzehe
1 EL Butterschmalz (Ghee)
1 EL Tomatenmark
Salz und Pfeffer
1 TL Chiliflocken
500 g Tomaten
1 EL frischer Thymian
1 EL frische Petersilie + etwas zum Bestreuen

So wird's gemacht:

Den Brokkoli putzen, waschen, in Röschen teilen und in einem Topf mit der Gemüsebrühe bissfest garen. Den Brokkoli herausnehmen und warm stellen.
Die Zwiebel und den Knoblauch abziehen, in feine Würfel schneiden und in einer Pfanne mit etwas Butterschmalz glasig andünsten. Das Tomatenmark hinzufügen und kurz anrösten. Mit der Gemüsebrühe (vom Brokkoli) ablöschen. Salz, Pfeffer und Chiliflocken hinzufügen.
Die Tomaten waschen und grob in Stücke schneiden. In die Brühe geben und alles mit einem Stabmixer fein pürieren.
Thymian und Petersilie waschen, trocken schütteln und Blättchen abzupfen bzw. hacken, zur Suppe geben und alles 10 Minuten garen. Zum Schluss den Brokkoli in die Tomatensuppe geben und kurz heiß werden lassen.
Nach Belieben noch mit frischen Petersilienblättchen bestreuen.

(Foto siehe Seite 120/121)

	100 g	Portion
KH	2,9	11,9
Fett	2,3	9,2
EW	0,9	3,7
Kcal	35	140
Kjoule	143	577

Bacon-Mozzarella-Bombe (M)(A)

Zubereitung: 25 Minuten
Für 1 Portion

Zutaten:
1 Kugel Mozzarella
50 g Kirschtomaten
1 Handvoll Basilikumblätter
Pfeffer
100 g Bacon in Scheiben

	100 g	Portion
KH	2,1	5,8
Fett	15,8	43,4
EW	18,7	51,5
Kcal	226	621
Kjoule	941	2587

So wird's gemacht:

Die Mozzarellakugel abtropfen lassen, quer halbieren und die beiden Hälften vorsichtig in der Mitte mit einem Küchenmesser aushöhlen. Die Mozzarellareste für die Füllung beiseitelegen.
Die Kirschtomaten und die Basilikumblätter waschen, trocken schütteln und hacken. Die Mozzarellareste ebenfalls in kleine Stücke schneiden und mit den Tomaten und den Basilikumblättern in eine Schüssel geben. Mit Pfeffer würzen und sorgfältig zu einer Füllung vermischen.
Die Füllung gleichmäßig in den Mulden der Mozzarellakugel verteilen und die Hälften vorsichtig aufeinandersetzen.
3 Baconscheiben nebeneinander und leicht überlappend auslegen und die gefüllte Mozzarellakugel mittig daraufsetzen.
Die Kugel fest mit dem Bacon einhüllen und mit den restlichen Baconstreifen umwickeln, evtl. mit 2 Zahnstochern fixieren.
Eine Pfanne erhitzen und die Bacon-Mozzarella-Bombe darin von allen Seiten anbraten, bis der Bacon schön knusprig ist.

Hähnchenbrust Caprese Ⓜ Ⓐ

Zubereitung: 40 Minuten
Für 2 Portionen

Zutaten:
2 Hähnchenbrüste
400 g Kirschtomaten
1 Kugel Büffelmozzarella
3 EL Olivenöl
Salz und Pfeffer
frischer Basilikum

	100 g	Portion
KH	2,1	11,7
Fett	8,3	45,5
EW	15,4	84,2
Kcal	147	801
Kjoule	614	3346

So wird's gemacht:

Den Backofen auf 160 °C Umluft bzw. 180 °C Ober-/Unterhitze vorheizen.
Die Hähnchenbrüste in gleichmäßigen Abständen quer einschneiden und anschließend in eine Auflaufform geben.
Die Tomaten waschen und abtropfen lassen. 1/3 der Tomaten in Scheiben schneiden und in die Einschnitte der Hähnchenbrust schieben. Die restlichen Kirschtomaten in der Auflaufform verteilen.
Den Büffelmozzarella in Scheiben schneiden und zu den Tomaten in die Einschnitte der Hähnchenbrüste schieben.
Alles mit Salz und Pfeffer nach Geschmack würzen und das Olivenöl gleichmäßig darüberträufeln.
Den Hähnchenbrust-Caprese-Auflauf im vorgeheizten Backofen ca. 30 Minuten backen. Mit Basilikum garniert auf Tellern anrichten.

Cheeseburger-Salat-Wrap Ⓜ Ⓐ

Zubereitung: 25 Minuten
Für 2–4 Portionen

Zutaten:

1 rote Zwiebel
1 Tomate
1 Eisbergsalat (große Blätter)
100 g Schmand
1 TL Erythrit
1 EL Tomatenmark
½ TL Senf, mittelscharf
½ TL Paprikapulver, edelsüß
½ TL Currypulver
1 TL Worcestersauce
1 TL Balsamico weiß
Salz und Pfeffer
400 g Rinderhackfleisch
4–5 Scheiben Käse

So wird's gemacht:

Die Zwiebel schälen, halbieren und in schmale Spalten schneiden. Die Tomaten waschen und in Scheiben schneiden. Den Eisbergsalat waschen, abtropfen lassen und die großen Salatblätter ablösen.

Den Schmand mit dem Erythrit, dem Tomatenmark, dem Senf, dem Paprikapulver, dem Currypulver, der Worcestersauce, dem Balsamico und Salz und Pfeffer zu einer Soße verrühren.

Das Rinderhackfleisch mit Salz und Pfeffer nach Geschmack würzen, vermischen und 4–5 Patties daraus formen. Die Hackfleisch-Patties in Butterschmalz anbraten, bis das Fleisch gar ist. Die Käsescheiben gegen Ende der Bratzeit auf die Patties legen und kurz schmelzen lassen.

Die Patties jeweils in die großen Salatscheiben legen, die Soße darauf verteilen, mit den Tomatenscheiben und Zwiebelspalten belegen und zu einem Wrap aufrollen.

	100 g	Portion (3)
	2,5	8,3
ct	9,3	31,0
/	11,4	37,7
al	159	527
ule	666	2206

Gefüllte Paprika mit Feta Ⓜ Ⓐ

Zubereitung: 40 Minuten
Für 2 Portionen

Zutaten:
1 Paprika
1 Ei (Größe L)
50 g Frischkäse (Doppelrahmstufe)
1 TL Paprikapulver, edelsüß
Pfeffer
100 g Feta
50 g Schinkenspeck oder Katenschinken
1 EL Schnittlauchröllchen

So wird's gemacht:

Den Backofen auf 175 °C Umluft oder 195 °C Ober-/Unterhitze vorheizen.

Die Paprikaschote waschen, halbieren und entkernen.

Das Ei mit dem Frischkäse, dem Paprikapulver und etwas Pfeffer in einer Schüssel glatt rühren.

Den Feta mit den Händen zerkrümeln und den Schinken in kleine Würfel schneiden, dann beides unter die Frischkäse-Ei-Masse rühren.

Die Paprikahälften mit der Mischung füllen, in eine Auflaufform stellen und 30 Minuten im Ofen backen. Nach dem Backen mit den Schnittlauchröllchen bestreuen.

	100 g	Portion
KH	3,4	7,3
Fett	12,5	26,5
EW	10	21,3
Kcal	168	357
Kjoule	703	1493

Avocado-Reis mit Tomaten

Zubereitung: 15 Minuten
Für 2 Portionen

Zutaten:
300 g Blumenkohl
200 g Avocado
100 g Kirschtomaten
Pfeffer
Salz
Limetten- oder Zitronensaft nach Geschmack

So wird's gemacht:

Den Blumenkohl putzen, waschen und raspeln. In einer beschichteten Pfanne ohne Fett unter gelegentlichem Rühren dämpfen, bis der Blumenkohlreis bissfest gegart ist.
Die Avocado halbieren, den Kern entfernen, Frucht in Spalten schneiden und Schale abziehen. Avocadofruchtfleisch klein schneiden.
Die Tomaten waschen und in kleine Scheiben schneiden.
Blumenkohlreis, Avocado- und Tomatenstücke in einer Schüssel miteinander vermengen, mit Pfeffer und Salz würzen und nach Geschmack mit Limetten- bzw. Zitronensaft abschmecken.

	100 g	Portion
KH	3	9
Fett	4,3	13
EW	1,8	5,5
Kcal	63	189
Kjoule	265	794

Mini-Zucchini-Lasagne (M)(A)(V)

Zubereitung: 35 Minuten
Für 2 Portionen

Zutaten:
1 kleine Zucchini
1 Tomate
1 Ei (Größe L)
1 TL frischer Kerbel
1 TL frische Petersilie
80 g Crème fraîche
80 g geriebener Cheddar
Pfeffer

	100 g	Portion
KH	2,2	5,2
Fett	11,7	28,2
EW	7	16,8
Kcal	142	342
Kjoule	589	1423

So wird's gemacht:

Den Backofen auf 180 °C Umluft oder 200 °C Ober-/Unterhitze vorheizen.

Die Zucchini putzen, waschen und längs in schmale Streifen schneiden. Die Tomate waschen, quer in dünne Scheiben schneiden und die Kerne mit der Hand ein wenig herausstreichen.

Kerbel und Petersilie waschen, trocken schütteln und hacken.

Das Ei in einer Schüssel mit $^{2}/_{3}$ der Crème fraîche, $^{2}/_{3}$ des Cheddars und den Kräutern verrühren. Mit Pfeffer nach Geschmack würzen.

Die restliche Crème fraîche und Cheddar in einer weiteren Schüssel mischen und beiseitestellen.

Die Zutaten wie folgt in zwei kleine Auflaufförmchen schichten: Ei-Crème-fraîche-Mischung, Zucchinistreifen, Ei-Crème-fraîche-Mischung, Tomatenscheiben, Ei-Crème-fraîche-Mischung und Zucchinistreifen.

Abschließend auf der Mini-Lasagne die Crème-fraîche-Cheddar-Mischung verteilen und 25 Minuten im Ofen backen.

Sellerieschnitzel Ⓜ Ⓐ Ⓥ

Zubereitung: 35 Minuten
Für 3 Portionen

Zutaten:
1 Sellerie (ca. 500 g)
500 ml Gemüsebrühe
2 Eier (Größe L)
Salz und Pfeffer
100 g gemahlene Haselnüsse
3 EL Butterschmalz (Ghee)
1 Bund Schnittlauch
300 g griechischer Joghurt
1 TL mittelscharfer Senf
2 TL Zitronensaft

	100 g	Portion
KH	3,1	11,7
Fett	12,7	48,4
EW	4,5	17,2
Kcal	147	560
Kjoule	611	2335

So wird's gemacht:

Den Sellerie schälen und in dicke Scheiben schneiden.

Die Gemüsebrühe in einem Topf erhitzen und die Selleriescheiben darin 20 Minuten garen. Die Scheiben herausnehmen und gut abtropfen lassen,

Die Eier in einer flachen Schüssel mit Salz und Pfeffer verquirlen. Die Haselnüsse auf einen Teller geben. Die Selleriescheiben erst im Ei wenden und dann in den gemahlenen Haselnüssen.

Butterschmalz in einer Pfanne schmelzen und die Selleriescheiben darin bei mittlerer Temperatur von beiden Seiten goldbraun braten.

Den Schnittlauch waschen, trocken schütteln und in Röllchen schneiden. Aus dem griechischen Joghurt, dem Senf, dem Schnittlauch und dem Zitronensaft einen Dip anrühren und zu den Sellerieschnitzeln servieren.

Hähnchenbruststreifen mit Avocado und schwarzen Bohnen Ⓜ Ⓐ

Zubereitung: 20 Minuten
Für 2 Portionen

Zutaten:
50 g schwarze Bohnen (getrocknet oder aus der Dose)
1 Hähnchenbrust
1 EL Butterschmalz (Ghee)
1 Knoblauchzehe
400 g Tomaten
Chiliflocken nach Geschmack
Salz und Pfeffer
1 Avocado
2 EL saure Sahne

	100 g	Portion
KH	3,3	14,4
Fett	4,5	19,6
EW	6,6	28,5
Kcal	82	352
Kjoule	341	1471

So wird's gemacht:

Wenn Trockenbohnen verwendet werden, die Bohnen kalt abspülen und mit ausreichend Wasser über Nacht einweichen lassen. Das Wasser, in dem die Bohnen eingeweicht wurden, wegkippen. Bohnen aus der Dose kalt abspülen. Anschließend die Bohnen mit etwas Wasser in einen Kochtopf geben, sodass sie vollständig bedeckt sind. Ca. 15 Minuten bei mittlerer Hitze köcheln lassen. Das Kochwasser abgießen und die Bohnen abtropfen lassen.

Die Hähnchenbrust in Streifen schneiden und in Butterschmalz goldbraun anbraten.

Den Knoblauch schälen und klein hacken. Die Tomaten waschen und klein hacken. Knoblauch, Bohnen und Tomaten zur Hähnchenbrust in die Pfanne geben. Mit Chiliflocken, Salz und Pfeffer nach Geschmack würzen und alles kurz andünsten.

Die Avocado halbieren, den Kern entfernen und die Frucht in Spalten schneiden und Schale abziehen.

Die Hähnchenbruststreifen und die Avocadospalten auf einem Teller mit der Bohnen-Tomaten-Soße anrichten. Zum Schluss mit der sauren Sahne garnieren und servieren.

Eier Königsberger Art mit Selleriestreifen (M)(A)(V)

Zubereitung: 30 Minuten
Für 2 Portionen

Zutaten:
1 Sellerie
Salz
geriebene Muskatnuss nach Geschmack
4 Eier (Größe M)
100 g Sahne
1 TL Johannisbrotkernmehl
400 ml Gemüsebrühe
Pfeffer
1 EL Zitronensaft
Kapern nach Geschmack

So wird's gemacht:

Den Sellerie schälen und in Streifen schneiden. Dann in einem Topf mit kochendem Salzwasser bissfest garen. Durch ein Sieb abgießen, mit Muskat nach Geschmack würzen und warm stellen.

Die Eier bis zur gewünschten Härte kochen und anschließend pellen.

Die kalte Sahne in einen Topf geben, das Johannisbrotkernmehl einrühren, bis keine Klumpen mehr da sind. Die Gemüsebrühe einrühren und alles unter Rühren erhitzen, bis die Sauce bindet. Kurz aufkochen, mit Salz, Pfeffer und Zitronensaft abschmecken. Die Kapern und die Eier in die Sauce geben.

Die Königsberger Eier mit den Selleriestreifen servieren.

	100 g	Portion
KH	1,7	11,4
Fett	4,5	30,4
EW	3	20,3
Kcal	61	409
Kjoule	252	1696

Veggie-Paprikaschoten (M)(A)(V)

Zubereitung: 40 Minuten
Für 2 Portionen

Zutaten:
500 g Blumenkohl
ca. 1 l Gemüsebrühe zum Kochen
4 Paprikaschoten
1 Handvoll frische Petersilie
2 Eier (Größe M)
geriebene Muskatnuss nach Geschmack
Pfeffer
1 TL Paprikapulver, rosenscharf
1 EL Currypulver
1 EL Zitronensaft
100 g geriebener Gouda

So wird's gemacht:

Den Backofen auf 180 °C Umluft bzw. 200 °C Ober-/Unterhitze vorheizen.
Den Blumenkohl putzen, waschen, in kleine Röschen teilen und in einem Topf in der Gemüsebrühe ca. 15 Minuten garen lassen. Durch ein Sieb abgießen und den Blumenkohl klein schneiden.
Die Paprikaschoten waschen, putzen und oben einen Deckel abschneiden. Mit einem kleinen Löffel entkernen. Die Petersilie waschen, trocken schütteln und hacken.
In einer großen Schüssel die Eier mit den Gewürzen und dem Zitronensaft aufschlagen. Den Blumenkohl, Gouda und die Petersilie dazugeben und alles zu einer Füllmasse vermischen.
Die Paprikaschoten mit der Blumenkohl-Gouda-Masse füllen, in eine Auflaufform stellen und im Ofen ca. 20 Minuten backen.

	100 g	Portion
KH	4,5	31,4
Fett	1,8	12,4
EW	3,8	26,1
Kcal	66	457
Kjoule	275	1915

Gefüllte Gemüsezwiebeln (M)(A)

Zubereitung: 45 Minuten
Für 2 Portionen

Zutaten:
2 große Gemüsezwiebeln
100 g gemischte Pilze
200 g Rinderhackfleisch
1 Ei
1 TL mittelscharfer Senf
1 TL getrockneter Majoran
1 TL Paprikapulver, edelsüß
1 EL Tomatenmark
Salz und Pfeffer
50 g geriebener Emmentaler

	100 g	Portion
KH	3,1	13,1
Fett	6	25,3
EW	8,7	36,8
Kcal	104	439
Kjoule	433	1835

So wird's gemacht:

Backofen auf 180 °C Umluft bzw. 200 °C Ober-/Unterhitze vorheizen.

Die Gemüsezwiebeln abziehen und ca. 10 Minuten in einem Topf mit kochendem Wasser blanchieren. Danach abgießen und in kaltem Wasser abkühlen lassen.

Die Gemüsezwiebeln vorsichtig aushöhlen und die herausgeschnittenen Zwiebelstücke klein schneiden. Die Pilze putzen und ebenfalls klein schneiden.

Das Hackfleisch in einer Schüssel mit dem Ei, dem Senf, dem Majoran, dem Paprikapulver, dem Tomatenmark, den Pilzen, einem kleinen Teil der klein geschnittenen Zwiebeln und Salz und Pfeffer nach Geschmack vermischen.

Die Gemüsezwiebeln in eine kleine Auflaufform setzen und mit der Hackfleischmischung füllen. Die übrigen Zwiebelstücke um die gefüllten Zwiebeln herum verteilen. Alles mit dem geriebenen Emmentaler bestreuen und 30 Minuten im Ofen backen.

Krakauer-Kohlrabi-Küchlein Ⓜ Ⓐ

Zubereitung: 40 Minuten
Für 4–6 Küchlein
(ca. 2–3 Portionen)

Zutaten:

1 Kohlrabi
100 g Krakauer
3 Eier (Größe M)
1 EL Balsamico
20 g Leinsamenmehl
1 EL geschrotete Leinsamen
½ TL Natron
1 EL geriebene Muskatnuss
50 g Sahne
50 ml Milch
50 g geriebener Gouda
Salz und Pfeffer
etwas Butter zum Fetten der Formen

	100 g	Portion (3)
KH	4,3	10,5
Fett	9,8	24,2
EW	8,2	20,2
Kcal	151	371
Kjoule	629	1548

So wird's gemacht:

Den Ofen auf 160 °C Umluft bzw. 180 °C Ober-/Unterhitze vorheizen.

Den Kohlrabi putzen, schälen und fein raspeln. Die Krakauer klein würfeln und mit den Kohlrabiraspeln in eine Schüssel geben. Die Eier und den Balsamico unterrühren, dann die trockenen Zutaten dazugeben und alles gut vermischen. Sahne, Milch und Gouda hinzufügen und verrühren. Mit Salz und Pfeffer abschmecken.

Die Kohlrabi-Masse in kleine gefettete Schalenförmchen füllen und im Ofen ca. 20 Minuten goldbraun backen.

Gefüllte Gurken im Schinkenmantel

Zubereitung: 40 Minuten
Für 4 Portionen

Zutaten:
2 Salatgurken
1 Ei (Größe M)
200 g Rinderhackfleisch
2 TL Senf
Salz und Pfeffer
Cayennepfeffer nach Geschmack
1 EL getrockneter Oregano
8 Scheiben gekochter Schinken
250 ml Gemüsebrühe
2 EL Balsamico

So wird's gemacht:

Den Backofen auf 180 °C Umluft bzw. 200 °C Ober-/Unterhitze vorheizen.

Die Salatgurken schälen, in je 4 Stücke schneiden und der Länge nach halbieren. Die Gurkenkerne mit einem Löffel herausschaben.

Das Ei in einer Schüssel aufschlagen und mit dem Hackfleisch, 1 TL Senf und den Gewürzen vermischen.

Die ausgehöhlten Gurkenstücke mit der Hackfleischmasse füllen, je 2 gefüllte Hälften aufeinanderlegen und mit 1 Scheibe Schinken ringsherum fest umwickeln. Dann in eine Auflaufform legen.

Die Gemüsebrühe mit dem Balsamico und dem restlichen Senf gut vermischen und über den Auflauf gießen. Den Auflauf ca. 30 Minuten im Ofen backen.

	100 g	Portion
KH	2,6	11,2
Fett	3	12,9
EW	7,5	32,4
Kcal	68	293
Kjoule	285	1224

Lauchauflauf Ⓜ Ⓐ

Zubereitung: 50 Minuten
Für 2–3 Portionen

Zutaten:
1 Gemüsezwiebel
1 EL Butterschmalz (Ghee)
500 g Lauch
3 Eier (Größe M)
200 g Sahne
1 EL geriebene Muskatnuss
1 TL Paprikapulver, rosenscharf
Pfeffer
125 g Katenschinken in Würfeln
etwas Butter zum Fetten der Form

So wird's gemacht:

Den Backofen auf 180 °C Umluft bzw. 200 °C Ober-/Unterhitze vorheizen.
Die Gemüsezwiebel abziehen, halbieren und in feine Scheiben schneiden. Die Zwiebelstreifen in einer Pfanne mit etwas Butterschmalz glasig dünsten.
Den Lauch putzen, gründlich waschen und in Ringe schneiden.
Die Eier in einer Schüssel mit der Sahne und den Gewürzen verrühren.
Den Lauch, die Zwiebeln und den Katenschinken in eine gefettete Auflaufform geben und mit der Sahnemischung übergießen.
Im Ofen ca. 40 Minuten backen und anschließend servieren.

	100 g	Portion (3)
KH	3,5	14
Fett	8,2	33,3
EW	5,7	23,2
Kcal	111	449
Kjoule	460	1863

Melonensalat (A)(V)

Zubereitung: 15 Minuten
Für 4–6 Portionen

Zutaten:

1 Galiamelone oder Melone nach Wahl
150 g schwarze Oliven, ohne Stein
1 rote Zwiebel
200 g Feta
2 EL Olivenöl
2 EL Balsamico
Salz und Pfeffer
3 Stängel frische Minze

So wird's gemacht:

Die Melone schälen, entkernen und klein schneiden. Die Oliven in feine Ringe schneiden und zusammen mit den Melonenstückchen in eine Schüssel geben.

Die Zwiebel abziehen, halbieren und in feine Streifen schneiden, ebenfalls in die Schüssel geben. Den Feta würfeln und über den Salat streuen.

Aus dem Olivenöl und Balsamico, Salz und Pfeffer ein Dressing anrühren und unter den Salat heben. Den Salat kalt stellen.

Minze waschen, trocken schütteln und Blättchen abzupfen. Vor dem Servieren über den Salat streuen.

	100 g	Portion (4)
KH	3,8	7,4
Fett	11,5	22,4
EW	4,7	9,2
Kcal	141	274
Kjoule	588	1146

Gemischte Pilzpfanne Ⓜ Ⓐ Ⓥ

Zubereitung: 30 Minuten
Für 2 Portionen

Zutaten:
500 g Blumenkohl
500 g gemischte Pilze
1 rote Zwiebel
250 g Tomaten
1 Chilischote
100 g Frischkäse (Doppelrahmstufe)
100 g Sahne
geriebene Muskatnuss nach Geschmack
Salz und Pfeffer
1 TL getrockneter Thymian
1 EL frische Petersilie

So wird's gemacht:

Den Blumenkohl putzen, waschen, in mittelgroße Röschen teilen und in einem Topf mit kochendem Wasser bissfest garen. Anschließend abgießen und warm stellen.

Die Pilze vorsichtig putzen, klein schneiden und in einer Pfanne ohne Fett anbraten. Die Zwiebel schälen, halbieren, in feine Streifen schneiden und mit den Pilzen andünsten. Die Tomaten waschen, klein schneiden und in die Pfanne geben. Die Chilischote waschen, hacken und in die Pilzpfanne streuen. Den Frischkäse, die Sahne und die Gewürze und Kräuter einrühren und alles kurz köcheln lassen.

Petersilie waschen, trocken schütteln und hacken. Pilzpfanne mit Petersilie bestreut servieren, den Blumenkohl als Beilage dazu reichen.

	100 g	Portion
KH	2,4	19
Fett	4,1	32,5
EW	2,7	21,5
Kcal	60	473
Kjoule	251	1974

Rustikale Scharfmacher (M)(A)

Zubereitung: 30 Minuten
Für 8 Frikadellen (4 Portionen)

Zutaten:

4 Low-Carb-Brötchen (z. B. die Rustikalen Brötchen von S. 50)
500 g Rinderhackfleisch
1 Ei (Größe M)
2 TL Senf
1 EL frisch gemahlener bunter Pfeffer
Salz
1 TL Paprikapulver, edelsüß
1 TL Currypulver
2 Scheiben Bacon
2 EL frische Petersilie
50 g geriebener Emmentaler

So wird's gemacht:

Den Backofen auf 180 °C Umluft bzw. 200 °C Ober-/Unterhitze vorheizen.
Die Brötchen halbieren und mittig etwas aushöhlen.
Das Rinderhackfleisch mit dem Ei, Senf und den Gewürzen in einer Schüssel gut vermischen. Die ausgehöhlten Brötchenstücke dazugeben. Die Baconscheiben klein schneiden und ebenfalls untermischen.
Aus der Hackfleischmasse kleine Frikadellen formen und jeweils 1 in jede Brötchenhälfte füllen. Brötchen auf ein mit Backpapier ausgelegtes Backblech legen. Die übrig gebliebene Hackfleischmasse ebenfalls zu Frikadellen kneten und diese neben die Brötchen auf das Blech setzen.
Petersilie waschen, trocken schütteln und hacken.
Den geriebenen Emmentaler über die gefüllten Brötchen und Fleischklößchen streuen und diese im Ofen ca. 20 Minuten backen. Mit Petersilie garnieren und servieren.

	100 g	Portion
KH	1,8	3
Fett	14,2	24,4
EW	19,7	33,9
Kcal	218	376
Kjoule	914	1571

Mozzarellanester Ⓜ Ⓐ

Zubereitung: 50 Minuten
Für 4 Portionen

Zutaten:

250 g Mozzarella
1 Ei
50 g Frischkäse (Doppelrahmstufe)
50 g Mandelmehl
Salz
1 rote Zwiebel
300 g Spinat
etwas Butterschmalz (Ghee)
3 Scheiben kalter Braten
1 EL Schmand
geriebene Muskatnuss nach Geschmack
frisch gemahlener Pfeffer
etwas Butter zum Fetten der Form

So wird's gemacht:

Den Backofen auf 150 °C Umluft bzw. 170 °C Ober-/Unterhitze vorheizen.

Den Mozzarella abtropfen lassen und möglichst klein würfeln. Das Ei in einer Schüssel mit dem Frischkäse, dem Mandelmehl und etwas Salz verquirlen. Die Mozzarellawürfel unterrühren. Den Teig auf einem mit Backpapier ausgelegten Backblech verteilen und ca. 20 Minuten im Ofen vorbacken.

Die Zwiebel schälen, hacken und mit dem Spinat in einer Pfanne mit etwas Butterschmalz andünsten. Die kalten Bratenscheiben fein zerkleinern und dazugeben. Schmand und Gewürze untermischen.

Den Teig nach dem Backen in 4 gleich große Stücke teilen und in 4 gefettete Formen als Boden (Nest) auslegen. Die Spinatmasse darauf verteilen. Die Mozzarellanester bei 150 °C Umluft bzw. 170 °C Ober-/Unterhitze ca. 15 Minuten im Ofen backen.

	100 g	Portion
KH	2,3	4,7
Fett	9,2	18,9
EW	15	30,9
Kcal	158	324
Kjoule	659	1357

Fetagratin (M)(A)(V)

Zubereitung: 35 Minuten
Für 4 Portionen

Zutaten:
1 rote Zwiebel
1 Paprikaschote
getrockneter Oregano nach Geschmack
3 EL Olivenöl
200 g Tomaten
150 g Oliven, ohne Stein
etwas Butter zum Fetten der Form
250 g Feta
frisches Basilikum nach Geschmack
Salz und Pfeffer

So wird's gemacht:

Den Backofen auf 200 °C Umluft bzw. 220 °C Ober-/Unterhitze vorheizen.
Zwiebel und Paprika waschen, putzen und klein schneiden.
Mit dem Oregano in eine Pfanne mit dem Olivenöl geben und dünsten.
Die Tomaten waschen und wie die Oliven klein schneiden.
Beides zu dem Gemüse in die Pfanne geben und gut untermischen. Gemüse in eine gefettete Auflaufform füllen.
Den Feta in Würfel schneiden und auf dem Gemüse verteilen.
Den Gratin ca. 25 Minuten im Ofen überbacken.
Basilikum waschen, trocken schütteln und klein zupfen.
Gratin mit Salz und Pfeffer würzen und mit dem frischen Basilikum bestreut servieren.

	100 g	Portion
KH	2,7	5,8
Fett	13,1	27,9
EW	5,4	11,4
Kcal	154	328
Kjoule	645	1370

Tomaten-Bacon-Zwiebel-Pfanne

Zubereitung: 15 Minuten
Für 1 Portion

Zutaten:
1 Gemüsezwiebel
500 g Kirschtomaten
125 g Bacon
1 EL Butterschmalz (Ghee)
1 EL getrockneter Majoran
frisch gemahlener Pfeffer

So wird's gemacht:

Die Zwiebel schälen und klein hacken. Die Kirschtomaten waschen und halbieren. Den Bacon in kleine Würfel schneiden. Butterschmalz in einer Pfanne erhitzen und die vorbereiteten Zutaten darin anbraten.

Mit Majoran und Pfeffer abschmecken und servieren.

	100 g	Portion
KH	3,4	28,6
Fett	3,6	29,8
EW	3,5	29
Kcal	63	526
Kjoule	262	2184

Würstchen im Teig/Hot Dog Ⓜ Ⓐ

Zubereitung: 20 Minuten
Für 4 Portionen

Zutaten:
2 Eier (Größe M)
250 g Quark (40 %)
15 g Flohsamenschalen
20 g Sesam
1 EL + 1 TL Balsamico
1 TL Natron
50 g Kartoffelfasern
Salz
4 Würstchen
50 g geriebener Emmentaler
1 Gemüsezwiebel
2 saure Gurken
100 g Crème fraîche
1 EL Senf
1/2 EL Birkenzucker (Xylit)

So wird's gemacht:

Den Backofen auf 180 °C Umluft bzw. 200 °C Ober-/Unterhitze vorheizen.

Die Eier in eine Schüssel aufschlagen und mit dem Quark, Flohsamenschalen, Sesam, 1 EL Balsamico, Natron und den Kartoffelfasern vermischen. Nach Geschmack salzen und die Masse in 4 Teigstücke aufteilen.

Je 1 Würstchen in 1 Teigling einrollen und auf ein mit Backpapier belegtes Blech setzen. Den Emmentaler darüberstreuen und Würstchen ca. 30 Minuten im Ofen backen.

Die Gemüsezwiebel schälen, halbieren und in feine Streifen schneiden. In einer Pfanne ohne Fett anrösten.

Die sauren Gurken in Scheiben schneiden.

In einer Schüssel Crème fraîche mit Senf, Birkenzucker und 1 TL Balsamico vermischen und als Dip zu den Hot Dogs reichen. Gewürzgurkenringe und geröstete Zwiebelringe dazu servieren.

	100 g	Portion
KH	2,7	9,3
Fett	14,3	48,6
EW	8,9	30,1
Kcal	181	613
Kjoule	755	2560

Warmer Bauernsalat (M)(A)

Zubereitung: 25 Minuten
Für 4 Portionen

Zutaten:
600 g Steckrüben
ca. 1 l Gemüsebrühe zum Kochen
4 Gewürzgurken
2 Wiener Würstchen
2 rote Zwiebeln
3 EL Olivenöl
3 EL Balsamico
2 EL Senf
100 g Crème fraîche
1 EL Birkenzucker (Xylit)
Salz und frisch gemahlener Pfeffer
1 Bund Schnittlauch

So wird's gemacht:

Die Steckrüben putzen, waschen und in Scheiben schneiden. Gemüsebrühe in einem Topf aufkochen und Steckrüben darin weich garen, anschließend abgießen.
Die Gewürzgurken und die Wiener klein schneiden. Die Zwiebeln abziehen, halbieren und in feine Streifen schneiden.
Olivenöl in einer Pfanne erhitzen und Zwiebeln, Wiener und Gewürzgurken darin anschwitzen. Den Balsamico, den Senf, die Crème fraîche und den Birkenzucker einrühren und alles mit Salz und Pfeffer würzen. Die Steckrüben unterheben. Zutaten in eine Salatschüssel geben.
Den Schnittlauch waschen, trocken schütteln, hacken und über den Salat streuen. Bauernsalat warm servieren.

	100 g	Portion
KH	4,1	13,8
Fett	8,6	28,7
EW	3,3	10,9
Kcal	113	377
Kjoule	473	1573

Gebackene Zucchini (M)(A)(V)

Zubereitung: 30 Minuten
Für 2 Portionen

Zutaten:
1 Zucchini
100 g Champignons
1 rote Zwiebel
1 Büffelmozzarella
1 TL Paprikapulver, rosenscharf
2 EL Olivenöl

So wird's gemacht:

Den Backofen auf 180 °C Umluft bzw. 200 °C Ober-/Unterhitze vorheizen.

Die Zucchini putzen und waschen, die Champignons säubern, die Zwiebel abziehen und alles in dünne Scheiben schneiden und in eine Auflaufform geben.

Den Büffelmozzarella abtropfen lassen, klein schneiden und auf den Auflauf legen. Mit Paprikapulver bestreuen. Anschließend Auflauf mit Olivenöl beträufeln und im Ofen ca. 20 Minuten überbacken.

	100 g	Portion
KH	2,6	12,8
Fett	8,8	42,9
EW	8,5	41,8
Kcal	124,4	609,7
Kjoule	520,4	2550

Gefüllte Tomaten Ⓐ

Zubereitung: 30 Minuten
Für 2 Portionen

Zutaten:
500 g Tomaten
1 rote Zwiebel
250 g Rinderhackfleisch
etwas Butterschmalz (Ghee)
gemahlener Kreuzkümmel nach Geschmack
Paprikapulver, edelsüß, nach Geschmack
Salz und Pfeffer
50 g geriebener Gouda

So wird's gemacht:

Den Backofen auf 180 °C Umluft bzw. 200 °C Ober-/Unterhitze vorheizen.
Die Tomaten waschen und oben einen Deckel abschneiden. Mit einem kleinen Löffel die Kerne vorsichtig herausheben.
Die Zwiebel schälen, hacken und mit dem Hackfleisch in einer Pfanne mit Butterschmalz andünsten. Gewürze dazugeben und kurz mitbraten. Die Masse in die Tomaten füllen.
Die gefüllten Tomaten auf ein mit Backpapier belegtes Blech stellen und mit Gouda bestreuen. Im Ofen ca. 15 Minuten überbacken.

	100 g	Portion
KH	2,9	12,3
Fett	4,9	20,9
EW	7,9	34,1
Kcal	97	416
Kjoule	405	1743

Gegrillte Auberginensandwiches

Zubereitung: 30 Minuten
Für 1–2 Portionen

Zutaten:
1 Aubergine
Salz und Pfeffer
20 g Kokosmehl
1 EL Butterschmalz (Ghee)
1 Tomate
1 Kugel Mozzarella
frische Petersilie nach Geschmack

	100 g	Portion (2)
KH	3,8	9,8
Fett	4,6	11,8
EW	8,4	21,6
Kcal	92	237
Kjoule	384	990

So wird's gemacht:

Den Backofen auf 180 °C Umluft bzw. 200 °C Ober-/Unterhitze vorheizen.

Die Aubergine putzen, waschen und quer in Scheiben schneiden, mit Salz und Pfeffer würzen und in dem Kokosmehl wenden. Butterschmalz in einer Pfanne erhitzen und ei Auberginenscheiben darin ca. 2 Minute von jeder Seite braten.

Die Tomate waschen, den Mozzarella abtropfen lassen und beides in Scheiben schneiden.

Petersilie waschen, trocken schütteln und hacken.

Die Hälfte der Auberginen auf ein mit Backpapier belegtes Blech legen, mit den Tomaten- und Mozzarellascheiben belegen und im Ofen ca. 20 Minuten überbacken, bis der Käse geschmolzen ist.

Nach dem Backen die restlichen Auberginen als Deckel auflegen und mit Petersilie bestreuen.

Blumenkohl-Joghurt-Suppe

Zubereitung: 30 Minuten
Für 4 Portionen

Zutaten:
500 g Blumenkohl
500 ml Wasser
2 EL Mandelblättchen
1 Zwiebel
2 Knoblauchzehen
2 EL Butterschmalz (Ghee)
1 TL geriebene Muskatnuss
Salz und Pfeffer
250 g Sahnejoghurt
2 Stängel Petersilie
1 TL Limettensaft

	100 g	Portion
KH	2,2	7,7
Fett	5	17,6
EW	1,7	6
Kcal	63	222
Kjoule	262	924

So wird's gemacht:

Den Blumenkohl waschen, putzen und in Röschen teilen. Wasser in einem Topf zum Kochen bringen und den Blumenkohl darin weich kochen. Dann durch ein Sieb abgießen, dabei die Kochflüssigkeit auffangen und beides beiseitestellen.
Die Mandelblättchen in einer Pfanne ohne Fett anrösten und anschließend beiseitelegen.
Zwiebel und Knoblauch abziehen, hacken und in einem Topf mit Butterschmalz glasig dünsten. Muskat, Salz, Pfeffer und die Kochflüssigkeit hinzugeben. Die Suppe vom Herd nehmen, den Blumenkohl und den Joghurt hineingeben und mit dem Stabmixer pürieren.
Petersilie waschen, trocken schütteln und hacken.
Suppe bei mäßiger Temperatur erwärmen und mit dem Limettensaft abschmecken. Die Suppe in Teller füllen und mit den gerösteten Mandelblättchen und der Petersilie bestreut servieren.

Auberginenparmigiana (M)(A)(V)

Zubereitung: 30 Minuten
Für 2 Portionen

Zutaten:
1 Aubergine
2 Eier (Größe M)
Salz und Pfeffer
1 TL Paprikapulver, rosenscharf
1 TL getrockneter Oregano
1 Apfel
1 EL Butterschmalz (Ghee)
50 g Mozzarella
30 g geriebener Parmesan

	100 g	Portion
KH	6,1	21,6
Fett	7,1	25,1
EW	6	21,2
Kcal	116	408
Kjoule	481	1699

So wird's gemacht:

Die Aubergine waschen, putzen und in Scheiben schneiden. In einer Pfanne ohne Öl goldbraun und weich braten. Dann aus der Pfanne nehmen.

Die Eier in einer Schüssel verquirlen und mit Salz, Pfeffer, Paprikapulver und Oregano würzen.

Den Apfel waschen, Kerngehäuse entfernen und Fruchtfleisch in Scheiben schneiden. Apfelscheiben ebenfalls in der Pfanne ohne Fett kurz anbraten und herausnehmen

Anschließend Butterschmalz in die Pfanne geben und schmelzen. Die Auberginen- und Apfelscheiben zunächst im Ei wenden und dann behutsam in die Pfanne schichten. Anschließend die restliche Eimasse darübergießen und gleichmäßig verteilen.

Den Mozzarella abtropfen lassen und klein schneiden. Auf der Parmigiana verteilen und Parmesan darüberstreuen. Einen Deckel auf die Pfanne legen und Parmigiana bei kleiner Hitze erwärmen, bis der Käse geschmolzen ist.

Paprikasuppe (M)(A)(V)

Zubereitung: 35 Minuten
Für 4 Portionen

Zutaten:
1 Zwiebel
etwas Butterschmalz (Ghee)
500 g rote Paprika
2 Möhren
100 g Stangensellerie
10 g Ingwer
500 ml Gemüsebrühe
Zitronensaft nach Geschmack
1 TL Birkenzucker (Xylit)
1 EL Tomatenmark
500 g passierte Tomaten
1 EL Paprikapulver, edelsüß
Salz und Pfeffer
100 g Frischkäse (Doppelrahmstufe, optional zum Verfeinern)

	100 g	Portion
KH	4	20,6
Fett	2,1	11
EW	1,5	7,5
Kcal	44	223
Kjoule	182	932

So wird's gemacht:

Die Zwiebel schälen, würfeln und in einem Topf mit Butterschmalz anschwitzen. Die Paprika, die Möhren und den Sellerie putzen, waschen, klein schneiden und dazugeben. Den Ingwer schälen, hacken und kurz mitgaren.

Mit der Brühe ablöschen und Zitronensaft, Birkenzucker und Tomatenmark einrühren. Die passierten Tomaten dazugießen und die Gewürze hinzufügen. Die Suppe ca. 10 Minuten köcheln lassen.

Nach Belieben Frischkäse einrühren, erwärmen und Suppe servieren.

Mit Käse überbackener Fisch

Zubereitung: 35 Minuten
Für 2 Portionen

Zutaten:
1 EL Butterschmalz (Ghee)
2 Fischfilets nach Wahl (z. B. Seelachs)
1 rote Paprika
1 Möhre
1 Selleriestange
1 Knoblauchzehe
50 g geriebener Gouda
Salz und frisch gemahlener Pfeffer

So wird's gemacht:

Den Backofen auf 160 °C Umluft bzw. 180 °C Ober-/Unterhitze vorheizen.

Butterschmalz in einer Pfanne erhitzen und Fischfilets darin von beiden Seiten goldbraun braten, anschließend aus der Pfanne nehmen.

Das Gemüse putzen, waschen und klein schneiden, den Knoblauch abziehen und hacken. Alles in derselben Pfanne anbraten und anschließend in eine Auflaufform füllen. Die Fischfilets darauflegen und mit dem Käse bestreuen.

Auflauf ca. 10 Minuten im Ofen überbacken und vor dem Servieren mit Salz und Pfeffer würzen.

	100 g	Portion
H	2,8	12,7
ett	1,9	8,6
W	10,1	45,4
cal	80	361
joule	336	1507

Mandelsuppe mit Melone (M)(A)(V)

Zubereitung: 20 Minuten
Für 2 Portionen

Zutaten:
1 EL Butterschmalz (Ghee)
1 Knoblauchzehe
50 g gemahlene Mandeln
1 kleine Chilischote
1 EL Tomatenmark
200 g Tomaten
500 g Gemüsebrühe
Salz und Pfeffer
300 g Galiamelone

So wird's gemacht:

Butterschmalz in einer Pfanne erhitzen. Die Knoblauchzehe schälen, hacken und im Butterschmalz anschwitzen. Die Mandeln dazugeben und ebenfalls anschwitzen.
Die Chilischote waschen, entkernen, hacken und mit dem Tomatenmark in die Pfanne geben. Die Tomaten waschen, klein schneiden und zu den anderen Zutaten in die Pfanne geben.
Mit der Gemüsebrühe ablöschen und Suppe kurz köcheln lassen. Mit Salz und Pfeffer abschmecken.
Die Melone schälen, entkernen, in Stücke schneiden und zu der Suppe servieren.

	100 g	Portion
KH	3,3	18,5
Fett	5	28,2
EW	1,6	9,1
Kcal	65	370
Kjoule	270	1535

Herzhafter Zwiebelkuchen Ⓜ Ⓐ

Zubereitung: 70 Minuten
Für 6 Portionen

Zutaten:
3 Eier (Größe M)
200 g Hüttenkäse (körniger Frischkäse)
2 EL Balsamico
100 g gemahlene Mandeln
30 g geschrotete Leinsamen
2 EL Flohsamenschalen
2 EL Chiasamen
1 TL Natron
Salz
2 Gemüsezwiebeln
etwas Butterschmalz (Ghee)
2 EL frische Petersilie
200 g Schmand
Pfeffer
150 g Katenschinken gewürfelt

So wird's gemacht:

Den Backofen auf 175 °C Umluft bzw. 195 °C Ober-/Unterhitze vorheizen.

2 Eier in einer großen Schüssel aufschlagen, den Hüttenkäse und den Balsamico hinzugeben und gut verrühren. Die trockenen Zutaten in die Masse geben und sorgfältig vermischen.

Eine Springform mit Backpapier auskleiden, den Teig hineingeben und mit einem Löffelrücken glatt streichen. Den Kuchen im Ofen ca. 20 Minuten backen.

Die Zwiebeln abziehen, halbieren und in Streifen schneiden. Butterschmalz in einer Pfanne erhitzen und die Zwiebelstreifen darin goldbraun braten.

Petersilie waschen, trocken schütteln und hacken.

In einer Schüssel 1 Ei mit dem Schmand verquirlen, die frische Petersilie zufügen, mit Salz und Pfeffer würzen. Zwiebelstreifen und Schinkenwürfel unterheben.

Die Zwiebel-Schmand-Masse anschließend auf den Kuchenboden verteilen und ca. 10 Minuten im Ofen fertig backen.

	100 g	Portion
KH	3,4	8,4
Fett	19,4	47,9
EW	8,6	21,2
Kcal	226	558
Kjoule	945	2331

Hühnerfrikassee mit Blumenkohlreis Ⓜ Ⓐ

Zubereitung: 80 Minuten
Für 4–6 Portionen

Zutaten:

- *3–4 Hähnchenschenkel*
- *1 Hühnerbrühe*
- *1 Glas Spargel*
- *250 g Champignons*
- *2 Möhren*
- *2 Frühlingszwiebeln*
- *Saft einer ½ Zitrone*
- *Kapern nach Geschmack*
- *Salz und Pfeffer*
- *1 gehäufter TL Johannisbrotkernmehl oder Guarkernmehl*
- *200 g Schlagsahne*
- *1 Blumenkohl*
- *geriebene Muskatnuss nach Geschmack (optional)*

So wird's gemacht:

Den Backofen auf 160 °C Umluft bzw. 180 °C Ober-/Unterhitze vorheizen.

Die Hähnchenschenkel in einem großen Topf mit der Hühnerbrühe ca. 60 Minuten köcheln lassen, bis das Hähnchen weich ist. Die Schenkel aus dem Topf nehmen, abkühlen lassen und anschließend das Fleisch von den Knochen lösen.

Den Spargel in ein Sieb abgießen, abtropfen lassen und in Stücke schneiden. Das Gemüse waschen, putzen und klein schneiden.

Den Zitronensaft, die Kapern, das Gemüse und Salz und Pfeffer in die Hühnerbrühe geben und ca. 10 Minuten garen.

Das Johannisbrotkernmehl mit der Sahne in eine separate Schüssel geben, sehr schnell verquirlen und dann in die Brühe einrühren, damit keine Klümpchen entstehen.

Das Hähnchenfleisch mit dem Spargel in den Topf geben und die Suppe kurz köcheln lassen.

Den Blumenkohl waschen, putzen, in Röschen teilen und mit der groben Reibe der Küchenmaschine raspeln. Die Blumenkohlraspel in eine beschichtete Pfanne ohne Fett geben und weich dünsten. Mit Pfeffer und nach Belieben auch Muskat abschmecken.

Hühnerfrikassee mit dem Blumenkohlreis als Beilage servieren.

	100 g	Portion (6)
KH	1,6	10,8
Fett	4,5	29,7
EW	6,3	41,3
Kcal	73	479
Kjoule	305	2001

Bratwurst mit Käse gefüllt (M)(A)

Zubereitung: 60 Minuten
Für 2–4 Portionen

Zutaten:

etwas Butterschmalz (Ghee)
400 g frische Bratwürste
200 g Emmentaler in Scheiben
150 g Bacon in Scheiben
500 g Blumenkohl
Salz
50 g Mascarpone
geriebene Muskatnuss nach Geschmack
Pfeffer

	100 g	Portion (4)
KH	1,4	4,4
Fett	12,8	41,5
EW	12,8	41,4
Kcal	190	619
Kjoule	796	2586

So wird's gemacht:

Den Backofen auf 180 °C Umluft bzw. 200 °C Ober-/Unterhitze vorheizen.

Butterschmalz in einer Pfanne erhitzen und Bratwürste darin rundum anbraten, anschließend herausnehmen und der Länge nach aufschneiden, aber nicht durchschneiden.

Die Emmentalerscheiben falten und zwischen die Bratwursthälften legen, dann Bratwürste zusammenklappen.

Die Baconscheiben fest um die Bratwürste wickeln.

Die Bratwürste in eine Auflaufform legen und ca. 20 Minuten im Ofen backen.

Den Blumenkohl putzen, waschen und in einem Topf mit kochendem Salzwasser bissfest garen. Das Kochwasser abgießen, den Mascarpone zum Blumenkohl geben, pürieren und mit Muskat und Pfeffer würzen.

Das Blumenkohlpüree mit den käsegefüllten Bratwürsten servieren.

Pulled Chicken mit Coleslaw (M)(A)

Vorbereitung: 30 Minuten
Garzeit: 6–8 Stunden
Für 4 Portionen

Zutaten:

1 kleiner Rotkohl
8 EL Balsamico (weiß oder rot)
6 EL Birkenzucker (Xylit)
200g Crème fraîche
Salz und Pfeffer
400 g passierte Tomaten
3 Knoblauchzehen
1 rote Zwiebel
2 EL Paprikapulver, edelsüß
1 TL Chiliflocken
1 TL Zimt
½ TL geriebene Muskatnuss
½ TL Piment
3 EL Sojasauce
4 Hähnchenbrüste

So wird's gemacht:

Den Backofen auf 90 °C Umluft bzw. 110 °C Ober-/Unterhitze vorheizen.

Den Rotkohl putzen, waschen und in feine Streifen schneiden. Mit ca. ⅔ des Balsamicos, ⅔ des Birkenzuckers und mit der Crème fraîche in eine Schüssel geben. Nach Geschmack mit Salz und Pfeffer würzen. Den Krautsalat in den Kühlschrank stellen und durchziehen lassen.

Die passierten Tomaten in eine Auflaufform geben. Den Knoblauch und die rote Zwiebel abziehen, hacken und mit dem restlichen Balsamico und dem übrigen Birkenzucker in die Tomatensauce rühren. Die Gewürze mit der Sojasauce hinzugeben und die Marinade sorgfältig vermischen.

Die Hähnchenbrüste tief in die Marinade legen und die Auflaufform 6–8 Stunden im Backofen garen.

Nach dem Garen das zarte Pulled Chicken mit der Gabel auseinanderzupfen und mit dem roten Krautsalat servieren.

	100 g	Portion
KH	4	27,3
Fett	3,2	22
EW	9,6	65,6
Kcal	86	584
Kjoule	360	2446

Zucchinisticks mit Bacon (M)(A)

Zubereitung: 35 Minuten
Für 4–6 Portionen

Zutaten:
3 Zucchini
1 EL getrockneter Oregano
1 EL getrockneter Majoran
1 EL getrockneter Thymian
1 EL Paprikapulver, edelsüß
Salz und Pfeffer
3 EL Olivenöl
400 g Bacon in Scheiben
50 g geriebener Käse nach Wahl (z. B. Gouda)

So wird's gemacht:

Den Backofen auf 180 °C Umluft bzw. 200 °C Ober-/Unterhitze vorheizen.
Die Zucchini putzen, waschen, der Länge nach halbieren und anschließend vierteln.
Die Gewürze mit dem Olivenöl zu einer Marinade verrühren und die Zucchinisticks sorgfältig darin wenden. Die Zucchinisticks jeweils mit 2 Scheiben Bacon umwickeln.
Die umwickelten Zucchinisticks auf ein mit Backpapier ausgelegtes Backblech verteilen, mit dem Käse bestreuen und im Ofen ca. 25 Minuten backen.

	100 g	Portion (4)
KH	2,1	5,9
Fett	10,7	29,4
EW	8,9	24,5
Kcal	138	381
Kjoule	579	1591

Spinat-Quiche (M)(A)

Zubereitung: 65 Minuten
Für 4-6 Portionen

Zutaten:

50 g Kokosmehl
50 g Leinsamenmehl
½ TL Natron
1 EL Balsamico
200 ml Wasser
1 Zwiebel
500 g Champignons
100 g Wurst (nach Wahl)
etwas Butterschmalz (Ghee)
500 g Spinat
5 Eier (Größe M)
50 g Sahne
geriebene Muskatnuss nach Geschmack
Salz und Pfeffer

So wird's gemacht:

Den Backofen auf 160 °C Umluft bzw. 180 °C Ober-/Unterhitze vorheizen.

Das Kokosmehl in einer Schüssel mit dem Leinsamenmehl und dem Natron vermischen. Den Balsamico und das Wasser hinzufügen und alles zu einem gleichmäßigen Teig verkneten. Eine Springform mit Backpapier auskleiden und den Teig hineindrücken, am Rand etwas hochziehen. Den Teig im Ofen ca. 15 Minuten backen.

Die Zwiebel abziehen und würfeln. Die Champignons vorsichtig putzen und in dünne Scheiben schneiden. Die Wurst in kleine Stücke schneiden.

Butterschmalz in einer Pfanne erhitzen und die Zwiebelwürfel darin anbraten, dann die Champignonscheiben und die Wurst hinzugeben. Den Spinat hineingeben und zusammenfallen lassen.

Die Eier in einer Schüssel aufschlagen, mit der Sahne und den Gewürzen verquirlen. Die Sahne-Ei-Mischung in die Pfanne gießen, verrühren und den Belag auf den Teig geben.

Die Quiche ca. 30 Minuten im Ofen backen, bis der Belag fest ist.

	100 g	Portion (5)
KH	2,8	8,6
Fett	8,9	27,5
EW	5,9	18,1
Kcal	122	375
Kjoule	508	1566

Bratwürstchen-Sauerkraut-Kuchen (M) (A)

Zubereitung: 50 Minuten
Für 5 Portionen

Zutaten:
100 g gemahlene Mandeln
50 g Kokosmehl
10 g Flohsamenschalen
3 Eier (Größe M)
100 g Butter
Salz
400 g frische Bratwürste
etwas Butterschmalz (Ghee)
1 rote Zwiebel
500 g Sauerkraut
Birkenzucker (Xylit)
Pfeffer
200 g Schmand
150 g Emmentaler (gerieben)

So wird's gemacht:

Den Backofen auf 160 °C Umluft bzw. 180 °C Ober-/Unterhitze vorheizen.

Die gemahlenen Mandeln, das Kokosmehl und die Flohsamenschalen in einer großen Schüssel miteinander vermischen. Ein Ei aufschlagen, mit der Butter und dem Salz zu dem Mehlgemisch geben und sorgfältig durchkneten.

Den Teig ausrollen und in eine mit Backpapier ausgelegte Tarteform oder in eine runde Auflaufform geben.

Die Bratwürste mit dem Butterschmalz in der Pfanne von allen Seiten braten, bis sie knackig sind, anschließend in Scheiben schneiden und beiseitestellen.

Die rote Zwiebel in Ringe schneiden und in der Pfanne glasig andünsten. Das Sauerkraut mit dem Birkenzucker hinzugeben und zusammen ca. 10 Minuten garen lassen. Nach Geschmack mit Pfeffer würzen.

Das Sauerkraut mit Schmand, 2 Eiern und ²/₃ des Emmentalers in eine Rührschüssel geben, die Bratwurstscheiben untermischen und die Zutaten sorgfältig miteinander verrühren.

Die Mischung nun auf den zubereiteten Kuchenboden auftragen, mit dem restlichen Emmentaler bestreuen und im Ofen für ca. 35 Minuten backen.

	100 g	Portion
KH	2,4	13,5
Fett	18,6	36,4
EW	10,1	40,8
Kcal	235	612
Kjoule	984	2556

Heiß-kalte Fetaspieße (F)(S)

Zubereitung: 30 Minuten
Für 2 Portionen

Zutaten:

200 g Fetakäse
3 Scheiben Puten- oder Hähnchenbrust
4 Scheiben Bacon
7 Schaschlikspieße
200 g Galiamelone

So wird's gemacht:

Den Backofen auf 200 °C Umluft bzw. 220 °C Ober-/Unterhitze vorheizen.

Den Fetakäse in Würfel schneiden. Die Puten- bzw. Hähnchenbrustscheiben halbieren.

Den Käse mit dem Bacon auf die Hälfte der Spieße schieben. Auf die andere Hälfte der Spieße den Käse und die Putenbrustscheiben schieben. Je nach Geschmack können auch gemischte Spieße gestaltet werden.

Die Spieße auf einem mit Backpapier ausgelegten Backblech verteilen und im Ofen ca. 15 Minuten backen.

In der Zwischenzeit die Melone schälen und in kleine Würfel schneiden.

Die Melonenwürfel auf die fertig gebackenen Fetaspieße schieben und heiß-kalt servieren.

	100 g	Portion
KH	2,6	6,7
Fett	11,7	30,5
EW	11,2	29,1
Kcal	161	420
Kjoule	675	1754

Rezepte:

Snacks

Gebackene Kürbisspalten Ⓢ Ⓥ

Zubereitung: 45 Minuten
Für 2–3 Portionen

Zutaten:
1 Kürbis (Hokkaido)
3 EL Olivenöl
1 EL getrockneter Thymian
Salz und Pfeffer
200 g Crème fraîche
frische Kräuter nach Geschmack (optional)
Tabasco (optional)

So wird's gemacht:

Den Backofen auf 180 °C Umluft bzw. 200 °C Ober-/Unterhitze vorheizen.
Den Kürbis waschen, den Strunk am oberen Ende entfernen und Kürbis in der Mitte durchschneiden.
Die Kürbishälften entkernen und mit einem scharfen Messer vorsichtig in dünne Spalten teilen.
Die Kürbisspalten auf einem mit Backpapier ausgelegtem Backblech verteilen, mit dem Olivenöl beträufeln und mit Thymian, Salz und Pfeffer würzen. Das Backblech in den Ofen schieben und Kürbis ca. 20–30 Minuten backen.
Die Crème fraîche in einer Schüssel mit Salz und Pfeffer verrühren. Nach Belieben mit frischen Kräutern (gewaschen und gehackt) und etwas Tabasco würzen und zu den gebackenen Kürbisspalten servieren.

(Foto siehe Seite 162/163)

	100 g	Portion (3)
KH	4,5	16,2
Fett	8,5	30,8
EW	1,6	5,7
Kcal	102	371
Kjoule	424	1540

Drei-Käse-Muffins (F) (S) (V)

Zubereitung: 50 Minuten
Für ca. 8 Muffins (3–4 Portionen)

Zutaten:

150 g Ricotta
100 g Frischkäse (Doppelrahmstufe)
100 g Mascarpone
Saft ½ Zitrone
50 g Birkenzucker (Xylit)
1 Ei (Größe M)
Mark 1 Vanilleschote
etwas Fett für die Form

	100 g	Portion (4)
KH	3	3,7
Fett	19,6	23,9
EW	7,3	8,9
Kcal	242	295
Kjoule	1012	1234

So wird's gemacht:

Den Backofen auf 160 °C Umluft bzw. 180 °C Ober-/Unterhitze vorheizen.

Den Ricotta in einer Schüssel mit dem Frischkäse und dem Mascarpone verrühren. Den Zitronensaft, den Birkenzucker, das Ei und das Vanillemark hinzugeben und gut verrühren.

Den Teig in kleine gefettete Muffinförmchen verteilen (Förmchen zu etwa ²/₃ füllen) und im Ofen ca. 35 Minuten backen.

Apfel-Zimt-Waffeln (F)(S)(V)

Zubereitung: 20 Minuten
Für 4–5 Waffeln (4–5 Portionen)

Zutaten:
3 Eier (Größe M)
100 g Quark (40 % Fett)
2 EL Chiasamen
2 EL Birkenzucker (Xylit)
1 EL Zimtpulver
½ TL Natron
200 g blanchierte, gemahlene Mandeln
1 Apfel
etwas Butterschmalz (Ghee) oder Kokosöl

So wird's gemacht:

Die Eier in einer Schüssel mit dem Quark cremig schlagen.
Die Chiasamen einrühren.
Den Birkenzucker nach Möglichkeit mit einer Kaffeemühle feiner mahlen. Den Birkenzucker, das Zimtpulver, das Natron und die gemahlenen Mandeln mit der Quark-Ei-Masse zu einem gleichmäßigen Teig verquirlen.
Den Waffelteig 10 Minuten quellen lassen.
In der Zwischenzeit den Apfel waschen, Kerngehäuse entfernen und Fruchtfleisch in Scheiben schneiden. Butterschmalz oder Kokosöl in einer Pfanne erhitzen und Apfelscheiben darin goldbraun und weich braten.
Aus dem Waffelteig im gefetteten Waffeleisen bei mittlerer Einstellung 4–5 Waffeln backen.
Die Zimtwaffeln mit den gebratenen Apfelscheiben garnieren und servieren.

	100 g	Portion (5)
KH	6,3	9,2
Fett	20,7	30,1
EW	9,9	14,5
Kcal	269	392
Kjoule	1114	1624

Kokos-Gums (S) (V)

Zubereitung: 20 Minuten
Für 40 Kokos-Gums

Zutaten:
6 Blätter Gelatine
400 ml Vollmilch
8 EL Kokosflocken
2 EL Birkenzucker (Xylit)

	100 g	1 Gum
KH	4,9	0,6
Fett	13,1	1,7
EW	4,6	0,6
Kcal	170	22
Kjoule	710	91

So wird's gemacht:

Die Gelatine 5 Minuten in einer Schüssel mit kaltem Wasser quellen lassen.

Die Milch in einem kleinen Topf erwärmen und die Kokosflocken und den Birkenzucker einrühren. Die Mischung 10 Minuten lang erhitzen, aber nicht kochen.

Den Topf vom Herd nehmen, die Gelatine leicht ausdrücken und in die Kokosmilch einrühren, bis sie sich aufgelöst hat.

Die Mischung in kleine Pralinenformen füllen und im Kühlschrank auskühlen lassen, bis die Kokos-Gums fest geworden sind.

Fruchtiger Käsesalat mit Mandarinen Ⓕ Ⓢ Ⓥ

Zubereitung: 15 Minuten
Für 4 Portionen

Zutaten:
1 Mandarine
150 g Lauch
1 rote Paprikaschote
200 g Gouda am Stück
3 Stängel frischer Kerbel
100 g Schmand
1 TL Olivenöl
Salz und Pfeffer

So wird's gemacht:

Die Mandarine schälen und in Spalten teilen. Den Lauch putzen, gut waschen und in feine Ringe schneiden. Die Paprikaschote waschen, entkernen und in Würfel schneiden.
Den Gouda in Würfel schneiden. Den frischen Kerbel waschen, trocken schütteln und die Blättchen abzupfen.
In einer großen Schüssel Schmand mit Olivenöl glatt rühren und mit Salz und Pfeffer würzen. Das Gemüse, die Mandarinenspalten, die Käsewürfel und den Kerbel unterheben.

	100 g	Portion
KH	4,2	7,7
Fett	12,2	22,4
EW	8,7	16
Kcal	163	300
Kjoule	682	1296

Brokkoli-Lachs-Muffins Ⓕ Ⓢ

Zubereitung: 35 Minuten
Für 6 Muffins

Zutaten:
- *120 g Brokkoli*
- *Salz*
- *1 Ei (Größe L)*
- *50 g Frischkäse (Doppelrahmstufe)*
- *40 g blanchierte, gemahlene Mandeln*
- *10 g geschrotete Leinsamen*
- *60 g geräucherter Lachs in Scheiben*
- *Pfeffer*
- *15 g geriebener Emmentaler*

So wird's gemacht:

Den Backofen auf 160 °C Umluft oder 180 °C Ober-/Unterhitze vorheizen.

Den Brokkoli putzen, waschen und in 6 Röschen teilen. In einem Topf mit kochendem Salzwasser 5 Minuten blanchieren, dann herausheben und gut abtropfen lassen.

Das Ei in einer Schüssel mit dem Frischkäse, den Mandeln und den Leinsamen verrühren. Den Teig auf 6 Muffinförmchen aus Silikon verteilen.

Den Lachs und den blanchierten Brokkoli auf die Muffinförmchen verteilen und leicht in den Teig drücken. Mit Pfeffer nach Geschmack und mit dem geriebenen Emmentaler bestreuen.

Muffins in den Ofen schieben und 20 Minuten backen.

	100 g	Muffin
KH	3,7	2,2
Fett	14,8	8,8
EW	11,2	6,6
Kcal	194	115
Kjoule	811	480

Kokoskugeln Ⓢ Ⓥ

Zubereitung: 40 Minuten
Für ca. 20–25 Kugeln
(3–5 Portionen)

Zutaten:
80 g Kokosraspeln
50 g blanchierte, gemahlene Mandeln
40 g Birkenzucker (Xylit)
100 g Kokosmilch

So wird's gemacht:

Die Kokosraspel, die Mandeln, den Birkenzucker und die Kokosmilch sorgfältig miteinander verkneten. Aus der Masse mit den Händen kleine Kugeln formen.

Die Kokoskugeln im Kühlschrank 30 Minuten ruhen lassen und anschließend zum Snacken servieren.

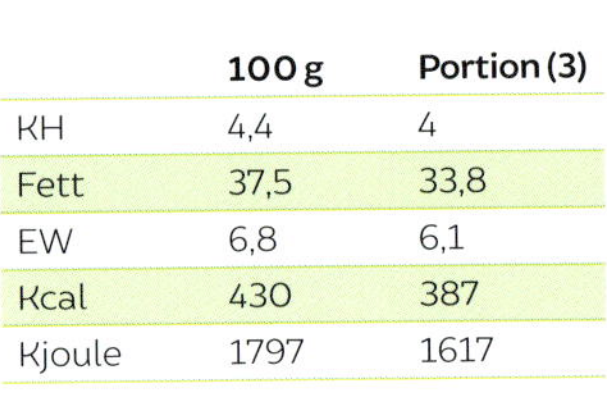

	100 g	Portion (3)
KH	4,4	4
Fett	37,5	33,8
EW	6,8	6,1
Kcal	430	387
Kjoule	1797	1617

Avocado-Paranuss-Muffins

Zubereitung: 35 Minuten
Für 8 Muffins

Zutaten:
100 g Avocado
1 EL Zitronensaft
50 g Sahne
2 Eier (Größe L)
50 g Birkenzucker (Xylit)
80 g blanchierte, gemahlene Mandeln
50 g Paranüsse
etwas Fett für die Form

	100 g	Muffin
KH	3,8	2,2
Fett	24,6	14,3
EW	9,4	5,5
Kcal	301	175
Kjoule	1256	731

So wird's gemacht:

Den Backofen auf 160 °C Umluft oder 180 °C Ober-/Unterhitze vorheizen.

Die Avocado halbieren, entkernen und mit einem Löffel 100 g Fruchtfleisch aus der Schale entnehmen. Restliche Avocado gut eingewickelt für andere Rezepte im Kühlschrank lagern.

Das Avocadofruchtfleisch zusammen mit dem Zitronensaft und der Sahne in eine Schüssel geben und mit einem Stabmixer fein pürieren.

Eier, Birkenzucker und Mandeln dazugeben und alles zu einem gleichmäßigen Teig verrühren.

8 ganze Paranüsse zur Seite legen. Die restlichen Paranüsse hacken und unter den Muffinteig rühren.

Den Muffinteig auf 8 gefettete Muffinformen aufteilen und jeweils eine ganze Paranuss obenauf legen. Dann Muffins im Ofen 20 Minuten backen.

Bunte Zucchini mit Kokosjoghurt

Zubereitung: 20 Minuten
Für 2–4 Portionen

Zutaten:
2 Zucchini (gelb und grün, ca. 600 g)
1 EL Zitronensaft
Pfeffer
250 g griechischer Joghurt
25 g Kokosmilch

	100 g	Portion (4)
KH	2,9	6,4
Fett	3,5	7,9
EW	2	4,5
Kcal	52	115
Kjoule	218	482

So wird's gemacht:

Die Zucchini putzen, waschen und in fingerdicke Scheiben schneiden. Die Scheiben in einer Pfanne ohne Öl bei mittlerer Hitze ca. 15 Minuten auf den Schnittflächen rösten. Mit Zitronensaft beträufeln, mit Pfeffer bestreuen und aus der Pfanne nehmen.

Aus dem griechischen Joghurt und der Kokosmilch einen Dip anrühren und zu den bunten Zucchinischeiben reichen.

Haselnusscreme mit Mandarinen

Zubereitung: 10 Minuten
Für 4 Portionen

Zutaten:
250 g griechischer Joghurt
20 g Haselnussmus
1 TL Birkenzucker (Xylit)
200 g Sahne
1 Mandarine
1 TL gehackte Haselnüsse

	100 g	Portion
KH	5,4	8,2
Fett	16,9	25,5
EW	3	4,6
Kcal	190	288
Kjoule	790	1194

So wird's gemacht:

Den Joghurt mit dem Haselnussmus und dem Birkenzucker in einer Schüssel verrühren.

Die Sahne in einer zweiten Schüssel steif schlagen.

Die Mandarine schälen und in Spalten teilen.

In 4 Dessertgläser zuerst die Schlagsahne verteilen und anschließend darauf die Mandarinenspalten schichten. Dabei 4 Mandarinenspalten zum Garnieren zurückbehalten.

Mit dem Haselnussjoghurt auffüllen und mit den gehackten Haselnüssen sowie mit jeweils einer Mandarinenspalte garnieren.

Erdbeer-Orangen-Mousse (F)(S)(V)

Zubereitung: 15 Minuten
Für 4 Portionen

Zutaten:
100 ml frisch gepresster Orangensaft
4 Blatt Gelatine
1 EL Birkenzucker (Xylit)
300 g Erdbeeren
200 ml Sahne

	100 g	Portion
KH	5,5	8,5
Fett	9,9	15,3
EW	2,4	3,6
Kcal	129	200
Kjoule	535	827

So wird's gemacht:

Den Orangensaft in einen Topf geben und die Gelatine darin 10 Minuten quellen lassen. Orangensaft erwärmen, bis sich die Gelatine aufgelöst hat. Dann den Birkenzucker einrühren. Die Erdbeeren putzen, waschen, trocken tupfen und pürieren. Die Sahne in einer Schüssel steif schlagen.

Alle Zutaten miteinander verrühren, in 4 Serviergläser füllen und ca. 1 Stunde in den Kühlschrank stellen, bis die Mousse fest geworden ist.

Erdnussmuffins (F)(S)(V)

Zubereitung: 40 Minuten
Für 10–12 Muffins
(4–6 Portionen)

Zutaten:

3 Eier (Größe M)
250 g Quark (40 %)
50 g Erdnussbutter
50 g Birkenzucker (Xylit)
100 g gemahlene Mandeln
1 TL Natron
75 g Erdnüsse
etwas Fett für die Form

So wird's gemacht:

Den Backofen auf 160 °C Umluft bzw. 180 °C Ober-/Unterhitze vorheizen.

Die Eier in einer Schüssel mit dem Quark und der Erdnussbutter verrühren. Die trockenen Zutaten hinzufügen und alles zu einer gleichmäßigen Masse verrühren.

Den Teig höchstens ²/₃ voll in die gefetteten Muffinförmchen füllen und im Backofen 20 Minuten backen. Anschließend ofenwarm genießen.

	100 g	Muffin
KH	4,8	6,6
Fett	21,8	30,4
EW	14,6	20,4
Kcal	296	413
Kjoule	1237	1729

Aprikosen-Joghurt-Mousse (F)(S)

Zubereitung: 15 Minuten
Für 4 Portionen

Zutaten:
500 g Aprikosen
2 EL frisch gepresster Zitronensaft
6 Blatt Gelatine
50 g Birkenzucker
500 g griechischer Joghurt

	100 g	Portion
KH	6,1	16,5
Fett	4,4	11,9
EW	2,9	7,8
Kcal	90	242
Kjoule	376	1017

So wird's gemacht:

Aprikosen waschen, Kerne entfernen und Fruchtfleisch klein schneiden. 375 g der Aprikosen in einer Schüssel mit dem Zitronensaft pürieren. Die Gelatine im Aprikosen-Zitronen-Püree ca. 10 Minuten quellen lassen. Püree in einen Topf geben, mit dem Birkenzucker vermischen und leicht erwärmen, bis sich die Gelatine aufgelöst hat.

Von dem Aprikosenpüree ca. 100 ml entnehmen und beiseitestellen. Den Rest des Pürees mit dem griechischen Joghurt verrühren.

In 4 Serviergläsern zunächst den Aprikosen-Joghurt anrichten, dann das Püree darübergießen und die Aprikosenwürfel obenauf geben. Mousse ca. 30 Minuten im Kühlschrank kalt stellen und anschließend servieren.

Warmer Gurkensalat Ⓕ Ⓐ Ⓢ Ⓥ

Zubereitung: 20 Minuten
Für 2 Portionen

Zutaten:
1 Gemüsezwiebel
1 EL Butterschmalz (Ghee)
1 Salatgurke
200 g Kirschtomaten
50 g Sahne
1 EL Balsamico
1 TL Birkenzucker (Xylit)
1 TL getrockneter Estragon
Salz und Pfeffer

So wird's gemacht:

Die Gemüsezwiebel schälen, in Würfel schneiden und in einer Pfanne mit dem Butterschmalz glasig dünsten.
Die Salatgurke schälen, halbieren und mit einem kleinen Löffel die Kerne entfernen. Die Gurke klein schneiden und mit den Zwiebeln anschwitzen.
Die Tomaten waschen, halbieren und ebenfalls mit in die Pfanne geben.
Alles mit der Sahne ablöschen, Balsamico, Birkenzucker, Estragon, Salz und Pfeffer zugeben und abschmecken.
Den Gurkensalat warm servieren.

	100 g	Portion
KH	4,4	16,2
Fett	4,9	18,1
EW	1,1	4,1
Kcal	67	248
Kjoule	277	1026

Avocado-Minze-Mousse (F)(S)(V)

Zubereitung: 15 Minuten
Für 2 Portionen

Zutaten:
5 Stängel Minze
1 Avocado
100 ml Vollmilch oder Mandelmilch
250 g Quark (40 %)
2 EL Birkenzucker (Xylit)
Saft ½ Zitrone

So wird's gemacht:

Die Minzblättchen abzupfen, waschen und trocken schütteln. Einige zum Garnieren beiseitelegen.
Die Avocado halbieren, Kern entfernen und Fruchtfleisch mit einem Löffel herausheben und in eine Schüssel geben. Vollmilch, Quark, Birkenzucker und Minzblätter dazugeben und alles mit dem Stabmixer pürieren.
Dann den Zitronensaft unterrühren.
Die Mousse in kleinen Schüsseln anrichten und mit Minzblättern garnieren.

	100 g	Portion
KH	3,7	11,2
Fett	7,9	24,2
EW	5	15,4
Kcal	117	356
Kjoule	489	1492

Apfelgratin F S V

Zubereitung: 40 Minuten
Für 2 Portionen

Zutaten:
200 g Sahne
2 Eier (Größe M)
Mark einer Vanilleschote
50 g Birkenzucker (Xylit)
etwas Fett für die Form
1 Apfel
2 TL Mandelblättchen

So wird's gemacht:

Den Backofen auf 160 °C Umluft bzw. 180 °C Ober-/ Unterhitze vorheizen.
Die Sahne in einer Schüssel mit den Eiern, dem Vanillemark und dem Birkenzucker verquirlen. Die Masse in gefettete Gratinförmchen füllen.
Den Apfel waschen, entkernen und in dünne Spalten schneiden. Die Apfelspalten in die Masse in den Gratinförmchen stecken und Gratin 30 Minuten im Ofen backen.
Währenddessen die Mandelblättchen in einer Pfanne ohne Öl anrösten. Vor dem Servieren über die fertigen Gratins streuen.

	100 g	Portion
KH	6,5	19
Fett	14	40,9
EW	4,2	12,2
Kcal	191	560
Kjoule	792	2322

Blumenkohl-Sonnenblumen-Muffins

Zubereitung: 35 Minuten
Für 6 Muffins

Zutaten:

200 g Blumenkohl
Salz
geriebene Muskatnuss nach Geschmack
1 TL frischer Estragon
1 TL frischer Koriander
1 Ei (Größe L)
50 g Frischkäse (Doppelrahmstufe)
50 g blanchierte, gemahlene Mandeln
50 g Sonnenblumenkerne
Chiliflocken nach Geschmack
Pfeffer
etwas Fett für die Form
50 g geriebener Emmentaler

	100 g	Muffin
KH	2,9	2,3
Fett	18,6	15
EW	12	9,6
Kcal	233	188
Kjoule	975	785

So wird's gemacht:

Backofen auf 160 °C Umluft bzw. 180 °C Ober-/Unterhitze vorheizen.

Den Blumenkohl putzen, waschen und in einem Topf mit kochendem Salzwasser und Muskat bissfest garen. Gut abtropfen lassen und mit einem Messer in kleine Stücke hacken. Estragon und Koriander waschen, trocken schütteln und hacken.

Das Ei in einer Schüssel mit dem Frischkäse verrühren. Die Mandeln, die Sonnenblumenkerne, den Estragon, den Koriander, Chiliflocken, Pfeffer und etwa die Hälfte des geriebenen Emmentalers hinzugeben. Alles zu einem Teig verrühren. Den Blumenkohl unterrühren und den Teig auf 6 gefettete Muffinformen aufteilen. Den restlichen Emmentaler auf die Muffins streuen und Muffins im Backofen 20 Minuten backen.

Joghurt-Mousse mit karamellisierten Orangenscheiben (F)(S)

Zubereitung: 20 Minuten
Für 2–3 Portionen

Zutaten:

4 Blatt Gelatine
400 g griechischer Joghurt
50 g Birkenzucker (Xylit)
2 Eiweiß
2 Orangen

	100 g	Portion (3)
KH	4,6	10,4
Fett	5,6	12,6
EW	4,3	9,7
Kcal	104	236
Kjoule	437	988

So wird's gemacht:

Die Gelatine in eine Schüssel mit Wasser geben, 10 Minuten quellen lassen, dann gut ausdrücken und zu dem Joghurt in einer zweiten Schüssel geben und darin auflösen. 1/3 von dem Birkenzucker hinzugeben und vermischen.

Das Eiweiß in einer Schüssel zu steifem Schnee schlagen, unter die Joghurt-Masse heben und Mousse in Schalen füllen und im Kühlschrank kalt stellen.

Die Orangen gut schälen und in Scheiben schneiden. In einer Pfanne den restlichen Birkenzucker erwärmen, bis er schmilzt. Die Orangenscheiben hineingeben und karamellisieren.

Die Orangenscheiben auf der cremigen Joghurt-Mousse anrichten und servieren.

Kohlrabi grün-weiß Ⓕ Ⓢ Ⓥ

Zubereitung: 35 Minuten
Für 4 Portionen

Zutaten:
1 Kohlrabi
1 EL Butterschmalz (Ghee)
1 Bund Schnittlauch
100 g Frischkäse (Doppelrahmstufe)
50 g geriebener Gouda
frisch gemahlener Pfeffer

	100 g	Portion
KH	4,7	11,7
Fett	7,5	18,8
EW	5,4	13,6
Kcal	123	307
Kjoule	514	1284

So wird's gemacht:

Den Backofen auf 180 °C Umluft bzw. 200 °C Ober-/Unterhitze vorheizen.

Den Kohlrabi schälen, das Grün beiseitelegen. Kohlrabi in Scheiben schneiden und in einer Pfanne mit Butterschmalz ca. 10 Minuten goldbraun anbraten.

Das Kohlrabi-Grün und den Schnittlauch waschen und trocken schütteln. Kohlrabigrün hacken, Schnittlauch in kleine Röllchen schneiden. Beides in einer Schüssel mit dem Frischkäse verrühren.

Kohlrabischeiben auf einem mit Backpapier belegten Blech verteilen, die Frischkäsemasse darauf verstreichen, den geriebenen Gouda darüberstreuen und Kohlrabi im Ofen ca. 10 Minuten überbacken. Vor dem Servieren mit frisch gemahlenem Pfeffer würzen.

Joghurtcreme mit heißen Himbeeren Ⓢ Ⓥ

Zubereitung: 20 Minuten
Für 2–4 Portionen

Zutaten:
250 g Himbeeren
4 EL Birkenzucker (Xylit)
Mark einer Vanilleschote
300 g griechischer Joghurt
100 g Frischkäse (Doppelrahmstufe) oder Mascarpone

So wird's gemacht:

Himbeeren vorsichtig waschen und abtropfen lassen, $^{2}/_{3}$ davon mit 2 EL Birkenzucker und dem Vanillemark in einen Topf geben und zu einem Kompott kochen, anschließend pürieren. Gegebenenfalls durch ein Sieb drücken, um das Himbeerpüree von den Kernen zu trennen. Die restlichen Himbeeren ganz hinzugeben.

Den Joghurt in einer Schüssel mit dem Frischkäse bzw. Mascarpone und 2 EL Birkenzucker verquirlen. Die Joghurtcreme anschließend mit dem heißen Himbeerpüree servieren.

	100 g	Portion (2)
KH	4	14,4
Fett	9,6	34,6
EW	2,5	8,8
Kcal	137	493
Kjoule	573	2063

Blaubeerwackelpudding Ⓢ

Zubereitung: 20 Minuten
Für 2 Portionen

Zutaten:
300 g Blaubeeren
1 EL Birkenzucker (Xylit)
100 ml Wasser
4 Blatt rote Gelatine
Sahne nach Belieben (optional)

So wird's gemacht:

Blaubeeren vorsichtig waschen und abtropfen lassen, ²/₃ davon mit dem Birkenzucker und dem Wasser in einen Topf geben und erwärmen, dann mit dem Stabmixer pürieren.
Die Gelatine in etwas kaltem Wasser quellen lassen, ausdrücken und dann im warmen Beerenpüree auflösen. Die restlichen Beeren ganz einrühren.
Den Blaubeerwackelpudding auf die Servierschüsseln verteilen und mindestens 2 Stunden kalt stellen.
Nach Belieben die Sahne steif schlagen und zum Blaubeerwackelpudding servieren.

	100 g	Portion
KH	5,3	11,1
Fett	0,4	0,9
EW	2	4,3
Kcal	42	89
Kjoule	177	370

Melonen-Ricotta-Creme Ⓕ Ⓢ

Zubereitung: 15 Minuten
Für 2–4 Portionen

Zutaten:
½ Galiamelone
100 g griechischer Joghurt
250 g Ricotta
1 EL Birkenzucker (Xylit)
5 Blatt Gelatine

	100 g	Portion (3)
KH	4,8	10,8
Fett	6	13,5
EW	5,2	11,6
Kcal	98	219
Kjoule	410	916

So wird's gemacht:

Die halbe Galiamelone schälen, entkernen und in kleine Stücke schneiden. Eine Handvoll Melonenstückchen zum Garnieren beiseitelegen. Die restlichen Melonenstückchen mit dem griechischen Joghurt in eine Schüssel geben und mit dem Stabmixer pürieren.

Die Gelatine in etwas kaltem Wasser ca. 5 Minuten quellen und auflösen lassen.

Das Melonen-Joghurt-Püree mit dem Ricotta und dem Birkenzucker verrühren und die Gelatine in die Creme mischen.

Die Melonen-Ricotta-Creme in kleine Schalen füllen und kalt stellen, bis die Masse fest geworden ist.

Vor dem Servieren die Melonenstückchen auf der Creme verteilen.

Eiersalat mit Gouda Ⓕ Ⓢ

Zubereitung: 15 Minuten
Für 2 Portionen

Zutaten:
3 Eier (Größe M)
250 g Kirschtomaten
1 rote Zwiebel
50 g Putenbrustaufschnitt
100 g Gouda
100 g Crème fraîche
50 ml Milch
frisch gemahlener Pfeffer

So wird's gemacht:

Eier hart kochen, schälen und vierteln.

Die Kirschtomaten waschen, klein schneiden und möglichst entkernen. Die rote Zwiebel schälen, halbieren und in Streifen schneiden.

Die Putenbrust und den Gouda klein schneiden und alle vorbereiteten Zutaten gleichmäßig in 2 Schüsseln verteilen.

In einer Schüssel die Crème fraîche mit der Milch und etwas frisch gemahlenem Pfeffer zu einem Dressing verrühren. Die Salatsauce über den Salat träufeln und Salat servieren.

	100 g	Portion
KH	3,1	12,1
Fett	7,7	30
EW	7,3	28,7
Kcal	131	515
Kjoule	547	2145

Mascarpone-Zitronen-Creme

Zubereitung: 15 Minuten
Für 2 Portionen

Zutaten:
2 Zitronen
75 g Birkenzucker (Xylit)
50 ml Vollmilch
250 g Mascarpone
einige Blättchen Zitronenmelisse

	100 g	Portion
KH	3,2	8,4
Fett	19,6	51,4
EW	2,6	6,7
Kcal	237	622
Kjoule	990	2599

So wird's gemacht:

1 1/2 Zitronen gut schälen, die Filets herausschneiden, das Fruchtfleisch klein schneiden und mit 2/3 des Birkenzuckers in einem kleinen Topf einkochen. Das Zitronenkompott bei Bedarf mit etwas Birkenzucker nachsüßen und abkühlen lassen. 1/2 Zitrone auspressen und den Zitronensaft mit dem restlichen Birkenzucker verrühren. Die Vollmilch in einer Schüssel mit dem Mascarpone glatt rühren und den gezuckerten Zitronensaft hinzugeben. Creme in Servierschüsseln füllen. Blättchen der Zitronenmelisse waschen und trocken schütteln. Abgekühltes Kompott auf der Creme verteilen. Vor dem Servieren mit Zitronenmelisse garnieren.

Papaya-Avocado-Salat Ⓕ Ⓢ Ⓥ

Zubereitung: 20 Minuten
Für 4 Portionen

Zutaten:

1 Frühlingszwiebel
10 Blätter Minze
1 Avocado
1 Papaya
50 g Ricotta
1 Limette
½ TL Senf
2 EL Olivenöl

So wird's gemacht:

Die Frühlingszwiebel putzen, waschen und in Ringe schneiden. Die Minzblätter waschen, trocken schütteln und klein hacken.

Von der Avocado und der Papaya Schale und Kern entfernen und Fruchtfleisch in Spalten schneiden.

Die vorbereiteten Zutaten auf einem Servierteller schön anrichten und den Ricotta mit einem Löffel über den Salat verteilen.

Die Limette gut waschen. Die Schale abreiben, dann die Frucht halbieren und auspressen. Aus dem Senf, dem Olivenöl, dem Limettensaft und der Limettenschale ein Dressing anrühren und über den Salat geben.

	100 g	Portion
KH	5,7	10
Fett	3,8	6,8
EW	1,4	2,5
Kcal	68	120
Kjoule	286	503

Roastbeef-Röllchen (F) (S)

Zubereitung: 15 Minuten
Für 2 Portionen

Zutaten:

100 g Salatgurke
200 g Frischkäse (Doppelrahmstufe)
1 TL Senf
½ TL getrockneter Dill
1 EL Zitronensaft
Pfeffer
12 Scheiben Roastbeef

	100 g	Portion
KH	2,6	7
Fett	13,7	36,4
EW	13,2	35,1
Kcal	187	496
Kjoule	783	2075

So wird's gemacht:

Die Gurke schälen, der Länge nach vierteln, entkernen und in kleinere Streifen schneiden.

Den Frischkäse in einer Schüssel mit Senf, Dill und Zitronensaft vermischen und mit Pfeffer nach Geschmack würzen.

Die Frischkäse-Füllung auf den Roastbeef-Scheiben verteilen und mittig die Gurkenstreifen auflegen. Das Roastbeef aufrollen und Röllchen auf einem Servierteller anrichten.

Käseknöpfe Ⓢ Ⓥ

Zubereitung: 30 Minuten
Für ca. 8 Portionen

Zutaten:

1 Ei (Größe M)
150 g geriebener Cheddar
20 g Mandelmehl
Pfeffer

	100 g	Portion
KH	1	0,3
Fett	24,3	6,9
EW	24,3	6,9
Kcal	323	92
Kjoule	1354	386

So wird's gemacht:

Den Backofen auf 200 °C Umluft bzw. 220 °C Ober-/Unterhitze vorheizen.

Das Ei in einer Schüssel mit dem Cheddar und dem Mandelmehl zu einem Teig vermischen und mit Pfeffer nach Geschmack würzen.

Aus dem Teig kleine Kugeln formen, diese auf ein mit Backpapier ausgelegtes Backblech geben und ca. 10 Minuten im Ofen backen. Aus dem Ofen holen und auf einem Küchenpapier abkühlen lassen, dann servieren.

Tipp: Die Käseknöpfe kann man natürlich auch größer formen oder mit Plätzchenausstechern gestalten und dann ca. 10–12 Minuten im Ofen backen.

Frischkäsedessert mit Sternfrucht

Zubereitung: 30 Minuten
Für 4 Portionen

Zutaten:
4 Blatt Gelatine
100 ml Milch
1 TL + 1 EL Birkenzucker (Xylit)
1 EL Zitronensaft
200 g Hüttenkäse
1 TL Butter
100 ml frisch gepresster Orangensaft
1 Sternfrucht
einige Minzblättchen

So wird's gemacht:

Die Gelatine in etwas Wasser quellen lassen, ausdrücken und mit der Milch in einen Topf geben und erwärmen, bis sie sich auflöst. 1 TL Birkenzucker und Zitronensaft hinzugeben und einrühren. Dann den Hüttenkäse unterrühren.

Die Masse in kleine Formen füllen und im Kühlschrank ca. 30 Minuten kalt stellen.

Die Butter mit dem Orangensaft und 1 EL Birkenzucker in einen Topf geben, vermischen und kurz einkochen, dann abkühlen lassen.

Die Förmchen kurz im heißen Wasser erwärmen und das Frischkäsedessert aus der Form auf einen Teller stürzen. Die Orangensauce ringsherum verteilen.

Die Sternfrucht waschen, in dünne Scheiben schneiden und auf dem Teller anrichten. Mit den Minzblättern garnieren und servieren.

	100 g	Portion
KH	3,8	5
Fett	3,8	5,1
EW	7	9,4
Kcal	85,5	115
Kjoule	358	481

Heiße Erdbeeren mit Mozzarella

Zubereitung: 20 Minuten
Für 2 Portionen

Zutaten:

250 g Erdbeeren
1 EL Birkenzucker (Xylit)
1 Kugel Mozzarella

	100 g	Portion
KH	4,9	9,4
Fett	5,7	11
EW	9,5	18,4
Kcal	122	236
Kjoule	513	987

So wird's gemacht:

Den Backofen auf 160 °C Umluft bzw. 180 °C Ober-/Unterhitze vorheizen.

Die Erdbeeren entstielen, vorsichtig waschen, trocken tupfen und mit dem Birkenzucker in einen Topf geben und etwas einkochen. Das Erdbeerkompott in ofenfeste Servierschalen füllen. Den Mozzarella abtropfen lassen, in Scheiben schneiden und auf dem Erdbeerkompott verteilen. Schalen im Ofen ca. 10 Minuten backen, bis die Mozzarellascheiben geschmolzen sind. Ofenfrisch servieren.

Beeren-Leuchtturm (S)(V)

Zubereitung: 30 Minuten
Für 2–4 Portionen

Zutaten:

500 g frische rote Beeren (z. B. Himbeeren, Erdbeeren oder Johannisbeeren) + einige zum Garnieren
100 g Birkenzucker (Xylit) + etwas nach Geschmack
2 EL Chiasamen
600 g griechischer Joghurt
Mark einer Vanilleschote

	100 g	Portion (4)
KH	4	12,4
Fett	5,1	15,9
EW	2,4	7,4
Kcal	103	321
Kjoule	430	1344

So wird's gemacht:

Die Beeren-Leuchttürme bestehen aus einer roten und einer weißen Schicht. Die roten Beeren verlesen, vorsichtig waschen und abtropfen lassen. Mit 100 g Birkenzucker in eine Schüssel geben und mit dem Stabmixer sehr fein pürieren. Das Beerenpüree bei Bedarf noch mit etwas Birkenzucker nachsüßen.

Die Chiasamen in einer Kaffeemühle fein mahlen. Dann mit einem Löffel unter das Beerenpüree rühren. Die Mischung etwa 20 Minuten quellen lassen.

Den Joghurt in einer weiteren Schüssel gleichmäßig mit etwas Birkenzucker nach Geschmack und dem Vanillemark verrühren.

Das rote Beerenpüree und die weiße Joghurtmischung abwechselnd in Dessertgläsern aufschichten, um die Leuchttürme zu bilden. Dann mit einigen Beeren garnieren.

Bunte Gemüse-Käse-Chips Ⓢ Ⓥ

Zubereitung: 90 Minuten
Für 2 Portionen

Zutaten:
1 Aubergine
3 Möhren
3 Zucchini
Paprikapulver, rosenscharf nach Geschmack
ca. 100 g geriebener Käse nach Wahl (z. B. Emmentaler und Cheddar)

So wird's gemacht:

Den Backofen auf 150 °C Umluft bzw. 170 °C Ober-/Unterhitze vorheizen.
Die Aubergine, die Möhren und die Zucchini putzen, waschen, in Scheiben schneiden und gleichmäßig auf einem mit Backpapier ausgelegten Backblech verteilen. Dann ca. 60 Minuten im Ofen backen. Dabei Gemüsescheiben einmal wenden. Gegebenenfalls die Backzeit verlängern, bis die Chips vollständig trocken sind.
Die Gemüsechips aus dem Ofen holen, mit dem Paprikapulver würzen und den geriebenen Käse darüberstreuen. Die Chips noch einmal ca. 15 Minuten im Ofen backen, bis der Käse geschmolzen ist.

	100 g	Portion
KH	5,7	30,5
Fett	3,4	18
EW	3,9	20,5
Kcal	70	371
Kjoule	292	1550

Erdbeer-Kokos-Makronen (S)(V)

Zubereitung: 35 Minuten
Für 16 Makronen

Zutaten:
3 Eier (Größe M)
2 EL Birkenzucker (Xylit)
1 EL Kokosmehl
3 Erdbeeren
100 g Frischkäse (Doppelrahmstufe)

	100 g	Makrone
KH	3,3	0,6
Fett	9,2	1,7
EW	6,6	1,2
Kcal	130	24
Kjoule	541	100

So wird's gemacht:

Die Eier trennen und das Eiweiß in einer Schüssel mit dem Handmixer zu einem festen Schaum schlagen. Eigelb anderweitig verwenden. 1 EL Birkenzucker und das Kokosmehl durch ein Sieb gleichmäßig auf dem Eischnee verteilen und vorsichtig mit einem Löffel unterrühren, bis der Teig eine gleichmäßige Konsistenz hat.

Teig in einen Gefrierbeutel füllen. An einer Ecke des Beutels die Spitze abschneiden und kleine Häufchen auf ein mit Backpapier belegtes Backblech spritzen. Die Makronen 10–15 Minuten im Ofen backen, bis der Teig fest ist.

Die Erdbeeren entstielen, vorsichtig waschen und in einer Schüssel pürieren. Frischkäse und den restlichen Birkenzucker unterrühren. Die Creme in einen weiteren Gefrierbeutel füllen und eine Spitze abschneiden.

Die fertig gebackenen Kokos-Makronen mit der Erdbeercreme verfeinern.

Gebackener Camembert in Sesam

Zubereitung: 25 Minuten
Für 3–4 Portionen

Zutaten:
1 Camembert oder Weichkäse nach Wahl
1 Ei (Größe M)
1 EL Kokosmehl
25 g Sesam
etwas Butterschmalz (Ghee)

	100 g	Portion (4)
KH	3,4	3
Fett	29,1	25,4
EW	15,7	13,8
Kcal	337	295
Kjoule	1407	1231

So wird's gemacht:

Den Camembert in feine Scheiben schneiden. Das Ei mit einer Gabel in einer Schale verquirlen. Das Kokosmehl und den Sesam ebenfalls jeweils in einer kleinen Schale bereitstellen. Die Camembertscheiben gleichmäßig mit Kokosmehl bedecken, anschließend im Ei und zuletzt im Sesam wenden.
Die panierten Camembertstücke in einer Pfanne mit Butterschmalz (Ghee) von allen Seiten gleichmäßig goldbraun braten, bis der Käse zu schmelzen beginnt.

Wolkenei (F) (S) (V)

Zubereitung: 17 Minuten
Für 1 Portion

Zutaten:
2 Eier (Größe M)
20 g geriebener Gouda
Salz und Pfeffer

	100 g	Portion
KH	0,6	0,8
Fett	14,3	19,4
EW	15,18	20,6
Kcal	191	260
Kjoule	800	1088

So wird's gemacht:

Den Backofen auf 160 °C Umluft oder 180 °C Ober-/Unterhitze vorheizen.
Die Eier trennen und das Eiweiß in einer Schüssel steif schlagen. Den geriebenen Gouda mit dem Eischnee vermischen und mit Salz und Pfeffer nach Geschmack würzen.
Mit einem Löffel aus dem Teig 2 Haufen auf ein mit Backpapier ausgelegtes Backblech geben. Darauf achten, dass genügend Abstand zwischen den Häufchen bleibt, damit diese später nicht zusammenkleben.
Die Wölkchen ca. 10 Minuten im Backofen backen, bis das Eiweiß stockt. Aus dem Ofen holen und jeweils mittig ein Eigelb auf die Eiweißwolken setzen. Dann alles noch mal 2–3 Minuten bis zur gewünschten Konsistenz des Eigelbs im Ofen fertig backen.

Tassenkuchen mit Himbeeren

Zubereitung: 25 Minuten
Für 4 Portionen

Zutaten:
4 Eier (Größe M)
100 g Sahne
150 g griechischer Joghurt
100 g gemahlene Mandeln
40 g Backkakao
100 g Birkenzucker (Xylit)
etwas Fett für die Form
100 g Himbeeren oder Beeren nach Wahl (frisch oder TK)

	100 g	Portion
KH	3	6,2
Fett	16	33,2
EW	8,6	17,8
Kcal	225	468
Kjoule	942	1955

So wird's gemacht:

Den Backofen auf 160 °C Umluft oder 180 °C Ober-/ Unterhitze vorheizen.

Die Eier in eine Schüssel aufschlagen und verquirlen, die Sahne, den Joghurt, die Mandeln, den Backkakao und den Birkenzucker hinzugeben und mit dem Handmixer zu einem gleichmäßigen Teig verrühren.

4 ofenfeste Tassen oder vergleichbare Gefäße einfetten und den Teig darin verteilen.

Die Himbeeren entstielen, vorsichtig waschen, trocken schütteln und auf den Teig in den Tassen geben. TK-Himbeeren unaufgetaut auf den Teig setzen.

Die Tassen auf mittlerer Schiene in den Ofen stellen und 20 Minuten backen. Vorsichtig aus dem Ofen herausholen, denn die Henkel der Tassen sind heiß! Kuchen ofenwarm servieren und genießen.

Käsepops Ⓢ Ⓥ

Vorbereitung: ca. 10 Minuten
Trocknen: ca. 2–4 Tage
Backzeit: ca. 3 Minuten
Für 4–6 Portionen

Zutaten:
200 g Hartkäse nach Geschmack, am Stück oder in Scheiben (z. B. Gouda)
Paprikapulver, edelsüß, nach Geschmack
Gewürze nach Geschmack (optional)

	100 g	Portion (5)
KH	0	0
Fett	30,8	12,3
EW	21,9	8,8
Kcal	364	146
Kjoule	1524	610

So wird's gemacht:

Den Käse in kleine Würfel schneiden, Scheibenkäse in kleine Quadrate zerteilen.

Käse auf Tellern verteilen, mit Küchenpapier abdecken und bei Zimmertemperatur trocknen lassen. Würfel brauchen dafür ca. 4 Tage, die Käsequadrate sind bereits nach 48 Stunden hart und trocken. Der Käse muss vollständig durchgetrocknet sein.

Den Backofen auf 220 °C Umluft oder 240 °C Ober-/Unterhitze vorheizen.

Die Käsestücke auf einem mit Backpapier ausgelegten Backblech verteilen und im Ofen ca. 3 Minuten backen. Darauf achten, dass die Käsewürfel nicht dunkel werden.

Die Käsepops mit Paprikapulver und Gewürzen nach Geschmack bestreuen und servieren.

Poke Bowl mit Lachs und gebratenem Blumenkohlreis (F) (S)

Zubereitung: 25 Minuten
Für 3 Portionen

Zutaten:

1 Blumenkohl
2 EL Sesam
3 Frühlingszwiebeln
1 Paprikaschote
4–5 Champignons
1 Avocado
200 g kleine Tomaten
4 EL Sojasauce (ohne Zucker)
Chiliflocken nach Geschmack
1 EL Essig nach Wahl (z. B. Reisessig)
1 EL Öl nach Wahl (z. B. Sesamöl)
200 g gebeizter Lachs in Scheiben

So wird's gemacht:

Den Blumenkohl putzen, waschen, raspeln und in einer beschichteten Pfanne ohne Öl bissfest braten. Den Blumenkohl herausnehmen, warm stellen und den Sesam in der Pfanne anrösten.

Die Frühlingszwiebeln und die Paprika putzen und waschen. Frühlingszwiebeln in kleine Ringe, Paprika in Streifen schneiden. Die Champignons säubern und in Scheiben schneiden. Die Avocado schälen, entkernen und in Streifen schneiden. Die Tomaten waschen und halbieren.

Aus Sojasauce, Chiliflocken , Essig und Öl eine Marinade anrühren. Den Lachs mit den Frühlingszwiebeln in eine Schüssel geben und mit der Marinade übergießen. 10 Minuten ziehen lassen.

Alle Gemüsezutaten (außer dem Blumenkohl) gleichmäßig auf 3 Schüsseln verteilen und mit dem marinierten Lachs garnieren. Den gebratenen Blumenkohlreis mit dem gerösteten Sesam dazu servieren.

	100 g	Portion
KH	2,8	16,8
Fett	3,9	23,4
EW	4,4	26,3
Kcal	66	398
Kjoule	275	1661

Möhrenpommes (S)(V)

Zubereitung: 35 Minuten
Für 3 Portionen

Zutaten:
4 Möhren
5 EL Butterschmalz (Ghee)
1 TL Paprikapulver, rosenscharf
1 EL getrockneter Estragon
Pfeffer und Salz
100 g Crème fraîche
1 TL Senf
1 TL Birkenzucker (Xylit)

	100 g	Portion
KH	5,6	13,5
Fett	15,6	37,9
EW	1,3	3,1
Kcal	174	422
Kjoule	726	1765

So wird's gemacht:

Den Backofen auf 200 °C Umluft oder 220 °C Ober-/Unterhitze vorheizen.

Die Möhren putzen, schälen, halbieren und in Stifte schneiden. Das Butterschmalz in einem Topf schmelzen und dann mit dem Paprikapulver und dem Estragon in einer großen Schüssel zu einer Marinade verrühren. Nach Geschmack mit Salz und Pfeffer würzen.

Die Möhren-Sticks in die Schüssel geben und gut mit der Marinade vermischen. Danach die Sticks auf einem Backblech verteilen und ca. 25 Minuten im Ofen backen.

In einer kleinen Schüssel aus Crème fraîche, Senf, Salz, Pfeffer und Birkenzucker einen Dip anrühren.

Die gebackenen Möhrenpommes mit dem würzig feinen Dip servieren.

Schoko-Milchcreme-Sandwichtorte Ⓢ

Zubereitung: 50 Minuten
Für 8 Portionen

Zutaten:

5 Eier (Größe M)
500 g Sahne
1 EL Zitronensaft
40 g Backkakao
50 g gemahlene Mandeln
½ TL Natron
180 g Birkenzucker (Xylit)
6 Blatt Gelatine
Saft ½ Orange

	100 g	Portion
KH	3,3	4,6
Fett	19,7	27,3
EW	6,4	8,88
Kcal	257	358
Kjoule	1077	1497

So wird's gemacht:

Den Backofen auf 160 °C Umluft oder 180 °C Ober-/Unterhitze vorheizen.

Die Eier in eine große Schüssel aufschlagen, mit dem Zitronensaft und 100 g von der Sahne verquirlen.

Die trockenen Zutaten und 100 g von dem Birkenzucker zu der Eimasse hinzugeben. Die Zutaten sorgfältig zu einem gleichmäßigen Teig verrühren. Den Teig in eine mit Backpapier ausgelegte Springform füllen und ca. 30 Minuten im Ofen backen.

Die Gelatine ca. 10 Minuten in Wasser einweichen lassen. Anschließend leicht ausdrücken und in einem Topf erwärmen, bis sie schmilzt.

Die restliche Sahne in einer Schüssel mit einem Mixer aufschlagen und den Orangensaft mit dem restlichen Birkenzucker hinzugeben. Die Gelatine nach und nach in die Sahne einrühren. Die Creme unterdessen kühl stellen.

Den fertig gebackenen Kuchenboden abkühlen lassen und anschließend einmal horizontal durchschneiden. Die untere Hälfte gleichmäßig mit der Creme bestreichen und die zweite Kuchenhälfte als Deckel obendrauf legen.

Rezeptregister

Frühstück

Mittagessen

Abendessen

Snacks